Attac ist eine Widerstands-, aber keine Jugendbewegung, eine politische Organisation, aber keine Partei, ein weltweit agierendes Netzwerk ohne Zentrale. Attac verbindet die unterschiedlichsten Menschen, die gemeinsam für soziale und ökologische Gerechtigkeit im Globalisierungsprozess streiten. Immer mehr Menschen schließen sich den weltweit 90 000 Mitgliedern an. Attac Deutschland stellt sich vor und zeigt uns die Mittel und Wege des erfolgreichen Engagements für eine andere Welt.

Unsere Adresse im Internet: www.fischerverlage.de
www.hochschule.fischerverlage.de

Alles über Attac

Herausgegeben von
Attac Deutschland

Fischer Taschenbuch Verlag

Originalausgabe
Veröffentlicht im Fischer Taschenbuch Verlag,
einem Unternehmen der S. Fischer Verlag GmbH,
Frankfurt am Main, Mai 2004

Satz: Fotosatz Otto Gutfreund GmbH, Darmstadt
Druck und Bindung: C. H. Beck, Nördlingen
Printed in Germany
ISBN 3-596-16349-8

Inhaltsverzeichnis

Vorwort 9
Sabine Leidig

Teil I

»Globalisierung ist kein Schicksal«
Attac stellt sich vor

1 Wie alles begann …
Entstehung und Geschichte von Attac 13
Viola Hoffstätter/Phillipp Hersel

2 Standpunkte und Perspektiven 23
Peter Wahl

3 Von Frankreich in die ganze Welt –
Attac International 35
Sven Giegold

4 Gemeinsam handeln –
Kooperationen und Bündnisse 39
Peter Wahl

5 Attac und die Bewegung der Sozialforen 45
Hugo Braun

6 Attac in Zahlen 50
Marlene Schäfers

Teil II

»Sand ins Getriebe«
Themen und Arbeitsschwerpunkte

1 Der Welthandel und die WTO –
weltweiter Markt oder Vermarktung der Welt? . . 57
Thomas Fritz

2 Das Ende der sozialen Gerechtigkeit 61
Werner Rätz
3 Steueroasen 65
Sven Giegold
4 Privatisierung –
der Ausverkauf des Gemeinwesens 68
Christina Deckwith/Tim Zwickel/Dominik Fette
5 Die Umwelt in der Globalisierungsfalle 73
Markus Steigenberger/Marc Engelhardt
6 Globalisierung und Krieg:
Zwei Seiten einer Medaille 78
Tobias Pflüger

Teil III

»Die Märkte entwaffnen!« Ausgewählte Grundlagentexte

1 Die Initialzündung: »Die Märkte entwaffnen« . . 89
2 Die Tobin-Steuer 92
3 Das Selbstverständnis von Attac 103
4 Grundsätze von Attac Deutschland 112
5 Erklärung für Kommunen 117
6 Erklärung für Parteien 118

Teil IV

»Zwischen Netzwerk, NGO und Bewegung« Arbeitsweise, Strukturen und Gremien

1 Wie arbeitet Attac? 121
Sabine Leidig/Stephanie Handtmann, Rasmus Grobe
2 Ein Überblick über die Strukturen 131
Astrid Schaffert

3 Ein Organigramm 143
Astrid Schaffert
4 Die Basis: Die Gruppen vor Ort 144
Astrid Schaffert
5 Schaltzentrale Bundesbüro 150
Sabine Leidig
6 Weder Parteitag noch »Sit-in« – Der Ratschlag . . 152
Gitti Götz
7 Der Koordinierungskreis 155
Sven Giegold/Lena Bröckel
8 Der Rat 158
Hardy Krampertz
9 Die Rechtsträger und die Finanzen 161
Oliver Moldenhauer

Teil V

Einig in der Vielfalt – Bundesweite Arbeitszusammenhänge

1 Zum Verständnis komplizierter Zusammenhänge:
Der wissenschaftliche Beirat 167
Elmar Altvater
2 Das Frauennetz Attac 171
Ilona Johanna Plattner
3 Kunst oder Politik? Kulturattac! 174
Astrid Schaffert
4 Wissen ist Macht – Der ReferentInnenpool 176
5 Konflikte erfolgreich lösen – Die Schlichtergruppe 179
6 Wenn es brenzlig wird …
Der Attac-Rechtshilfefonds 181
7 Ein Überblick über die AGs 182
8 Zu guter Letzt: Attac im Netz 198

Vorwort

Attac Deutschland – gerade vier geworden und ein Nachzügler der weltweiten Bewegung der »Altermondialiste«, der Globalisierungskritiker – hat sich rasant entwickelt und genießt große Aufmerksamkeit.

»Wir haben Hoffnung und wir machen Hoffnung« – so lässt sich das Phänomen vielleicht beschreiben, das die unterschiedlichsten Menschen bei uns zusammenführt. Und wir sind froh, dass es immer mehr werden, die eine andere Welt nicht nur für möglich halten, sondern aktiv an ihrer Veränderung mitwirken wollen.

Die vielen Anfragen von Journalisten, Forschern, Studierenden, von Gewerkschaftern, Schulklassen, FrauenvertreterInnen und Juristen, von Pfarrern und Stahlarbeitern zeigen, dass die Neugier auf Attac überaus groß ist.

Mit diesem Buch wollen wir einen Einblick und einen Überblick bieten über das, was Atttac ist und macht. Wir wollen zeigen, wie Attac entstanden ist, wie Attac arbeitet, wie es sich organisiert, welche Themen im Zentrum stehen und inwieweit sich Attac von anderen »Aktiven«, von Parteien, Gewerkschaften oder Bürgerinitiativen unterscheidet.

Die Texte in diesem Buch sind von ganz unterschiedlichen AutorInnen verfasst, aber allesamt von »Attacies«, die »mittendrin« stecken und mittlerweile SpezialistInnen geworden sind. Die meisten gestalten die Arbeit in einer lokalen Gruppe, in einem Gremium oder im Bundesbüro. So ist in »Alles ÜBER Attac« auch alles VON Attac. Und so ist kein theorielastiges Werk entstanden, sondern ein Buch von der »Basis«, ein Handbuch für Aktive und Interessierte.

Selbstredend kann hier weder ein Anspruch auf Vollständigkeit erhoben, noch können endgültige Antworten geliefert werden. Die thematische Breite ist zu einem charakteristischen Merkmal von Attac geworden, und Antworten ändern sich, wie sich die Fragen und die Umstände ändern. Im Spannungsfeld zwischen Netzwerk und Bewegung, Vielfalt und Gemeinsamkeit, zwischen Bildungsverein und Aktionsbündnis, zwischen internationaler Kooperation und lokaler Verankerung, zwischen Utopie und Praxis werden auch weiterhin immer neue Anforderungen auf uns zukommen.

Sabine Leidig

Teil I

»Globalisierung ist kein Schicksal«
Attac stellt sich vor

1 Wie alles begann ... Entstehung und Geschichte von Attac

1997: Ein Zeitungsartikel und eine kleine Utopie

Im stark politisierten Frankreich der späten neunziger Jahre schreibt Ignacio Ramonet, der Chefredakteur der Zeitung »Le monde diplomatique«, einen Artikel mit dem programmatischen Titel »Die Märkte entwaffnen!« (s. S. 89)

Anhand einer Analyse der Finanzkrise in Südostasien erläutert Ramonet, wie sich die neoliberalen Politikempfehlungen, insbesondere die hemmungslose Liberalisierung der Finanzmärkte, endgültig als Irrweg herausgestellt haben. Ramonet erwähnt in dem Text eher beiläufig, dass es nun einer »Association pour une taxation des transactions financières pour l'aide aux citoyens et citoyennes« (A. T. T. A.C.), also einer Vereinigung zur Besteuerung von Finanztransaktionen zum Wohle der BürgerInnen bedürfe, um den entfesselten Finanzmärkten entgegenzutreten. Damit war vor allem die Einführung der Tobin-Steuer gemeint. Überwältigt von einer Flut von Leserbriefen zu dem Artikel und der darin erwähnten »Association«, lädt die Zeitung »Le monde diplomatique« Anfang 1998 kurzerhand zu einer Gründungsversammlung von Attac nach Paris ein. Bald darauf erweitert sich die inhaltliche Breite von Attac: Aus einer Initiative zur Einführung der Tobin-Steuer wird schon bald ein Bündnis, das die verschiedenen Aspekte der Globalisierung wie Welthandel, globale Verteilungsfragen, Steuerflucht, Standortkonkurrenz etc. kritisch hinterfragt. Bereits am Ende desselben Jahres lädt Attac Frankreich Gruppen aus verschiedenen Ländern ein, um mit ihnen eine internationale Plattform von Attac zu planen und zu entwickeln. Seitdem ist die Verbreitung von Attac besonders in europäischen Ländern weit vorangeschritten. Bis heute haben sich in fast 50 Ländern Attac-Gruppen gegründet, deren VertreterInnen sich in regelmäßigen Abständen ein bis zweimal jährlich zu Besprechungen treffen.

2000: In Deutschland gründet sich ein »Netzwerk zur demokratischen Kontrolle der Finanzmärkte«

Nach der bemerkenswerten Entwicklung von Attac Frankreich entsteht in vielen Ländern das Bedürfnis, dem französischen Vorbild nachzueifern. In Deutschland ergreifen 1999 WEED, Kairos Europa, die Stiftung Umverteilung und Pax Christi die Initiative zu einem bundesweiten Treffen (»Ratschlag«), bei dem über die Gründung einer Attac-Gruppe beraten werden soll. In diesem Sinne wird im Januar 2000 von den ca. 100 Teilnehmern des ersten Ratschlags in Frankfurt am Main ein »Netzwerk zur Demokratischen Kontrolle der internationalen Finanzmärkte« gegründet. Während sich in der Folgezeit bereits die ersten Ortsgruppen in Berlin und Hamburg bilden, arbeitet der vom Ratschlag eingerichtete Koordinierungskreis eine politische Erklärung aus.

Auf dem zweiten Ratschlag, der kurz darauf im April 2000 stattfindet, wird diese Erklärung verabschiedet und der Koordinierungskreis wird als bundesweites Leitungsgremium bestätigt. Während desselben Treffens erklärt sich Share e. V. bereit, ein ehrenamtliches Büro für das Netzwerk in Verden an der Aller einzurichten und als Trägerverein zu fungieren. Des weiteren trägt die Entstehung weiterer Ortsgruppen in Heidelberg, Bonn und Frankfurt am Main wesentlich zur Verbreitung des Netzwerks bei, das durch die gezielte Kooperation mit Gewerkschaften und anderen Organisationen gefestigt und vergrößert wird. Als am 31.5. 2000 auf der Bundespressekonferenz in Berlin die »Erklärung zur demokratischen Kontrolle der internationalen Finanzmärkte« vorgestellt wird, finden sich bereits 80 Organisationen und 200 Personen als Erstunterzeichnende. Nach dieser Veröffentlichung wird die erste bundesweite Kampagne vom Koordinierungskreis vorbereitet. Mit dem Ziel, soziale Fragen im Inland mit Fragen des internationalen Finanzmarktes zu verbinden, befasst sich Attac mit der Privatisierung der Altersvorsorge: In der Bundesrepublik wird mit der so genannten »Riester-Rente« der Einstieg in den Ausstieg aus der solidarischen Sozialversicherung eingeleitet, im Ausland, insbesondere in Entwicklungsländern, führt das zusätzliche private Kapital der Pensionsfonds zu weiterer Instabilität auf den internationalen Finanzmärkten und provoziert neue Krisen.

Im November 2000, bei seinem dritten Ratschlag, benennt sich das »Netzwerk zur demokratischen Entwicklung der internationalen Finanzmärkte« in »Attac Deutschland« um.

2001: Attac in Göteborg und Genua und die Anschläge des 11. September

Das Frühjahr 2001 ist vor allem von der Mobilisierung zu den Protesten gegen den G8-Gipfel in Genua geprägt. Drei Wochen vor dem Gipfel kommt es beim EU-Gipfel in Göteborg zu gewalttätigen Zusammenstößen zwischen Demonstrierenden und der Polizei, wobei ein Demonstrant Schussverletzungen erleidet. Durch diese Ereignisse wird eine enorme Medienöffentlichkeit zum Thema Gewalt und Protest hervorgerufen, insbesondere mit Blick auf den bevorstehenden G8-Gipfel. Als Reaktion unter anderem darauf erarbeitet der Koordinierungskreis eine Stellungnahme zum Thema Gewalt, die für Attac einen friedlichen Aktionskonsens festschreibt. Die Mobilisierung nach Genua steht nicht nur unter starker Beobachtung durch die Presse. Die Stimmungsmache gegen geplante Proteste geht weit darüber hinaus, und der italienische Bundesinnenminister greift zu rabiaten und rechtswidrigen Ausreiseverboten für Demonstranten. Der Gipfel selbst ist von massiven italienischen Polizei- und Militär-Einsätzen geprägt. Die dadurch heraufbeschworene aggressive Stimmung entlädt sich in gewaltsamen Auseinandersetzungen, bei denen Carabinieri den Demonstranten Carlo Giuliano erschießen. Am Tag darauf demonstrieren über 300 000 Menschen in Genua gegen die Politik der G8 und die Gewalt der Sicherheitsbehörden. Das Medienecho in Deutschland ist enorm. Attac wird dabei als Sprachrohr für die gerade erst entdeckte globalisierungskritische Bewegung angesehen und quasi über Nacht in die Mitte der politischen Öffentlichkeit katapultiert. Von hier aus gelingt es Attac, über die Gewaltdiskussion hinaus klare politische Botschaften und Forderungen in die Öffentlichkeit zu tragen. Die Ereignisse führen zu einer enormen Beitrittswelle sowie zu Gründungen vieler neuer lokaler Gruppen. Hinzu kommt, dass eine kritische Diskussion zum bis dato unkritisch benutzten Begriff Globalisierung losgetreten wird, die wesentlich zum politischen Sommerlochthema gemacht wird. Attac gewinnt auch dadurch weiter an Popularität und Bekanntheit.

Einen drastischen Einschnitt bewirken die Anschläge vom 11. September in New York und Washington. Das Medieninteresse an Attac-Themen lässt zwar erheblich nach, und in der Folgezeit lässt die Diskussion um die Attentate ein innenpolitisches Klima gegen Protestbewegungen jeglicher Art entstehen. Dennoch gelingt es, in einigen Medien den Zusammenhang zwischen den sozialen und wirtschaftlichen Gründen von Terrorismus und Fanatismus einerseits und den Folgen der neoliberalen Globalisierung andererseits darzustellen. Die auf den 11. September folgenden politischen Ereignisse führen sehr bald zu einer Kooperation zwischen Attac und der Friedensbewegung in Form der Kampagne »Gewaltspirale durchbrechen«. In den folgenden Monaten spricht sich Attac gegen den Afghanistan-Krieg und die Beteiligung der Bundeswehr aus und bleibt bezüglich der Globalisierungskritik als politischer Akteur sichtbar und handlungsfähig. Im Oktober 2001 findet in Berlin der Attac-Kongress »Globalisierung ist kein Schicksal, eine andere Welt ist möglich« statt. Mit seinen annähernd 3000 TeilnehmerInnen, 90 Workshops und den großen Plenumsveranstaltungen mit Susan George, Jean Ziegler, Bernard Cassen, Horst Eberhard Richter und Jean Batista de Oliveira wird der Kongress zu einem großen Erfolg. Zudem bietet der Kongress anderen Gruppen und Interessierten die Möglichkeit der Kooperation mit Attac. Auf dem im Anschluss an den Kongress tagenden Ratschlag wird eine »Struktur-AG« gegründet, die sich mit der Ausarbeitung neuer Strukturen für das nun wesentlich größere Attac-Netzwerk beschäftigen soll. Im Herbst des gleichen Jahres entwirft der Koordinierungskreis ein Selbstverständnispapier für Attac Deutschland (s. S. 103) und beschließt eine Kampagne zur Gesundheitspolitik und einen Aktionstag mit der Gewerkschaftsjugend für das kommende Jahr. Inzwischen hat Attac 3900 Mitglieder.

2002: Attac wird zu einer stabilen Größe in der öffentlichen Debatte um Globalisierung

Das Welt-Sozial-Forum in Porto Alegre in Brasilien stellt den ersten Höhepunkt der globalisierungskritischen Bewegung im Jahr 2002 dar. Am Rande des Forums mit seinen 50 000 Teilnehmern treffen sich auch unterschiedliche deutsche Attac-Gruppen und lassen eine Konsolidierung von Attac im internationalen Rahmen erkennen. In der Bundesrepublik stellt Attac mit einer Aktionskonferenz die Weichen für die Gesundheitskampagne, und bei den Protesten gegen den Staatsbesuch von US-Präsident Bush zeigt Attac erstmalig eine größere Mobilisierungsfähigkeit im Inland.

Kurze Zeit später, im Sommer, tagt der bisher größte Attac-Ratschlag in Frankfurt am Main und befasst sich vor allem mit den ausgearbeiteten Vorschlägen für eine neue Attac-Struktur. Dabei wird das Konsensprinzip festgeschrieben, der Rat als neues Gremium zwischen Koordinierungskreis und Ratschlag eingesetzt, das Wahlverfahren für Rat und Koordinierungskreis festgelegt und die Attac-Erklärung gründlich überarbeitet. Der Sommer 2002 hat zwei Höhepunkte. Zum einen die erste Sommerakademie. Mit fast 1000 Teilnehmern, die sich eine Woche lang auf zum Teil sehr innovative Art mit allen erdenklichen Facetten der Globalisierung beschäftigen und sich dabei fortbilden, ist die Akademie in Marburg ein enormer Erfolg und begründet eine Attac-Tradition für die kommenden Jahre.

Zum anderen bildet der monatelang geplante bundesweite Aktionstag am 14. September einen Höhepunkt. Dort verbindet Attac seine Forderungen, die unter das Motto »Gesundheit ist keine Ware« gestellt werden, mit denen der Gewerkschaftsjugend und deren Losung »Her mit dem schönen Leben!«, um im Vorfeld der Bundestagswahlen grundlegende Alternativen zu den neoliberalen Konzepten von Regierung und Opposition einzufordern. Zu den Aktionen in Köln werden, gemeinsam mit der Friedensbewegung und den Arbeitsloseninitiativen, 40000 Menschen mobilisiert. Für Attac ist diese erste selbst gesetzte Mobilisierung ein gelungener Versuch.

2003: Gegen Krieg, GATS und WTO und für soziale Sicherung

Zu Beginn des Jahres nimmt das neue Attac-Bundesbüro in Frankfurt am Main die Arbeit auf. Nach intensiven Auswahlprozessen hat sich Attac angesichts der Herausforderungen durch das enorme Anwachsen der Mitgliederzahl nun ein Büro mit Hauptamtlichen geschaffen, welches das bisherige, vorwiegend ehrenamtliche Büro in Verden ablöst.

Ebenfalls gleich zu Beginn des Jahres bündelt Attac seine Kräfte gegen den drohenden Krieg gegen den Irak und leistet seinen Beitrag für die größte Friedensdemonstration der Nachkriegszeit in Deutschland am 15. Februar in Berlin. Die ebenfalls ablehnende Position der Bundesregierung gegenüber dem Irak-Krieg macht es Attac zunächst schwer, sich mit anderen Themen Gehör zu verschaffen. Das ändert sich aber, als Attac mit seinem zweiten Jahresschwerpunkt neben der Friedens- bzw. Anti-Krieg-Arbeit, nämlich der

Kampagne gegen das Dienstleistungsabkommen GATS der Welthandelsorganisation WTO, in die Offensive geht. Das GATS zielt im Wesentlichen auf eine weitere Liberalisierung des internationalen Handels mit Dienstleistungen, wobei zu den Dienstleistungen so ziemlich alles, von Bildung und Gesundheitsversorgung über Finanzdienstleistungen bis hin zur Wasserver- und -entsorgung zählt. Erfolgreich war auch das Zusammenspiel mit Gewerkschaften und anderen Akteuren, das darauf abzielte, die Gefahren des GATS vor allem für die soziale Daseinsvorsorge öffentlich zu machen, und dabei wurde sogar bis in die Regierungskoalition Widerstand gegen die GATS-Verhandlungen ausgelöst. Bei einem großen Kongress des Frauennetz-Attac in Köln wird dabei auch geschlechtsspezifischen Auswirkungen des GATS nachgegangen. Umstritten bleibt indes, wieweit es Attac gelungen ist, die noch viel dramatischeren Folgen von Dienstleistungsliberalisierung für die Entwicklungsländer öffentlich zu machen. Spätestens anlässlich des WTO-Gipfels in Cancún, Mexiko, im September hat sich der Blick wieder nach Süden und auf die Übervorteilung der Entwicklungsländer im Welthandel gerichtet. Der am Ende grandios gescheiterte WTO-Gipfel wird auch in der Bundesrepublik, positiv wie negativ, als ein großer Rückschlag für das Projekt der neoliberalen Globalisierung wahrgenommen. Für Attac ist jedoch klar, dass sich allein mit einem Denkzettel für die WTO die Welt noch nicht zum Besseren wendet, denn die mächtigen Industrieländer drohen nun offen mit bilateralen statt multilateralen Verhandlungen.

Während sich gegen den WTO-Gipfel in Cancún im Inland nur symbolisch Protest regen konnte, hat Attac zuvor im Juli anlässlich des G8-Gipfels in Evian, Frankreich, einen

Sonderzug organisiert, um die Protestbereiten so nah wie möglich an die selbsternannten Herrscher der Welt heranzubringen. In Annemasse und Genf beim Gegenkongress und im »intergalaktischen Dorf« haben mehr als 1000 Attac-Aktivisten tatkräftig an den Protesten gegen die G8 und der Formulierung von Alternativen mitgewirkt.

Schon seit dem Frühjahr hat sich Attac angesichts der Pläne der Hartz- und Rürup-Kommission und der Agenda 2010 neben den Schwerpunkten Krieg und GATS um die Zukunft der sozialen Sicherung bemüht. Aber in der Kontinuität der Renten- und Gesundheitskampagne war Attac mit seiner aggressiven Strategie gegen die Bundesregierung seiner Zeit voraus und zunächst weitgehend isoliert. Die Proteste der Gewerkschaften im Mai waren ein mittlerer Flop und die Kirchen hielten sich bedeckt. Die Stimmung kippte erst, als es am 1. November einem Bündnis aus sozialen Initiativen, linken Gruppierungen, lokalen Gewerkschaftsgliederungen und Attac gelang, eine machtvolle und bunte Demonstration von über 100 000 Menschen in Berlin auf die Beine zu stellen. Seitdem hat der Widerstand frischen Wind bekommen. In Bayern, Hessen und Berlin gibt es sichtbaren Widerstand gegen die Sparpakete der Länderregierungen, und die Bundesregierung gerät ob ihrer Pläne immer weiter in Erklärungsnot.

Eine solidarische soziale Sicherung, eine beschäftigungsfreundliche Wirtschaftspolitik, ein menschenwürdiges Leben für MigrantInnen und eine ökologisch realisierbare Zukunft, all diese Herausforderungen lassen sich nicht nationalstaatlich, sondern bestenfalls europäisch und/oder global lösen. Wir stehen also vor der Notwendigkeit, unsere Proteste in Zukunft noch viel besser über Grenzen hinweg zusammenzuführen und zusammenzudenken. Wer sollte das besser können als eine annähernd global agierende und globalisierungskritische Bewegung? Attac will dazu weiterhin seinen Beitrag leisten.

Viola Hoffstätter/Phillipp Hersel

2 Standpunkte und Perspektiven

Die Geschichte von Attac Deutschland ist eine außergewöhnliche Erfolgsgeschichte. Wer nach den spektakulären Protesten von Genua noch glaubte – manche mögen es auch gehofft haben –, dass man es mit einem vorübergehenden Phänomen zu tun habe, irrte. Attac hat sich innerhalb von drei Jahren zur prominentesten Kraft innerhalb der kritischen, außerparlamentarischen Bewegung in der Bundesrepublik gemausert. Das bedeutet leider nicht, dass diese Erfolgsgeschichte auch in Zukunft automatisch so weitergeht.

Wenn man über die Zukunftsperspektiven von Attac sprechen will, wird man sich zunächst vor Augen halten müssen, unter welchen Rahmenbedingungen Attac heute agiert. Die zukünftige Dynamik wird nicht von guten Wünschen bestimmt werden können, sondern ist von Faktoren abhängig, die von Attac nicht beeinflusst werden können. Etwas schematisch könnte man von objektiven Faktoren sprechen. Diese muss man berücksichtigen, wenn man die eigene Strategie diskutiert, also jene Faktoren, auf die wir selbst Einfluss haben. Letztere könnte man – ebenso schematisch – als subjektive Faktoren bezeichnen.

Funktionskrise des Neoliberalismus

An der Spitze der objektiven Faktoren steht die Tatsache, dass die Akzeptanz der neoliberalen Globalisierung nicht nur weiter sinkt, sondern dass die Akzeptanzkrise in eine Funktionskrise übergeht. Nach zwei Jahrzehnten sind die katastrophalen Konsequenzen von Liberalisierung, Deregulierung und Privatisierungswahn nicht mehr wegzudiskutieren. Nicht zuletzt das Platzen der Spekulationsblase an den Börsen, das unrühmliche Ende der New Economy und die sogenannten Bilanzskandale zeigen immer deutlicher, dass mit dieser Art von Globalisierung eine Epoche eingeleitet wurde, die der Menschheit eine Art globalen Manchesterkapitalismus beschert hat. Das Versprechen, dass die Woge der Internationalisierung alle emporheben werde, die großen Tanker ebenso wie die kleinen Boote, hat sich als Illusion erwiesen. Verelendung, Armut und Hunger in der Dritten Welt nehmen zu und auch in die Industrieländer ist die Armut zurückgekehrt. Die soziale Polarisierung und die Umverteilung von unten nach oben und von den öffentlichen Händen in private Taschen nimmt zu und die sozialen Sicherungssysteme werden demontiert. Die Globalisierung hat viele Verlierer und nur wenige Gewinner hervorgebracht. Nicht nur die Mobilisierungserfolge außerparlamentarischer Bewegungen, sondern auch zahlreiche Umfragen bestätigen, dass die Unzufriedenheit mit diesen Entwicklungen immer stärker wird.

Der Erfolg von Attac besteht zu einem guten Teil darin, diese Problematik begriffen und aufgegriffen zu haben. Mit der Parole »Eine andere Welt ist möglich« wurde das »Tina-Prinzip (»There is no alternative«), die scheinbar unausweichliche Gesetzmäßigkeit des Prozesses, in Frage gestellt. Während die etablierten Kräfte beschönigend von den Chancen der Globalisierung reden – in letzter Zeit auch hin und wieder schamhaft auf Risiken verweisend –, nennt Attac die harten Fakten der Realität beim Namen.

Das Ende des rheinischen Kapitalismus

Auch innerhalb unserer Gesellschaft werden die Auswirkungen der Funktionskrise des Neoliberalismus immer stärker spürbar. Die Bundesrepublik steht an der Schwelle zu einer Deflation. Die Wachstumsraten sind unter die 1%-Grenze abgesackt, während Arbeitslosigkeit und Insolvenzen zunehmen. Die Umverteilung von unten nach oben und von den öffentlichen in die privaten Hände beschleunigt sich. Die Kommunen sind mit dem finanziellen Kollaps konfrontiert, die soziale Infrastruktur beginnt zu verrotten.

Nachdem die neoliberal inspirierten Rezepturen der letzten Legislaturperiode – Lohnzurückhaltung, Steuersenkungen vor allem für Unternehmen und Wohlhabende, Sozialabbau, prozyklische Hochzins- und Sparpolitik etc. – keine Ergebnisse brachten, wird mit der Agenda 2010 jetzt die Flucht nach vorn angetreten. Wir haben es mit dem schärfsten Angriff auf den Sozialstaat in der Nachkriegsgeschichte zu tun. Zwar ist es unumstritten, dass das bundesdeutsche Sozialsystem vor strukturellen Problemen steht, aber wie immer in solchen Situationen bleibt zu fragen, wer welche Interessen vertritt und wer dadurch die Richtung der Reformen bestimmen kann und wer nicht. Die Agenda 2010 ist knallharter Neoliberalismus. Dies alles geht einher mit einer seit dem Zweiten Weltkrieg noch nie da gewesenen Diffamierungskampagne gegenüber den Gewerkschaften. Auch wenn es bei den Gewerkschaften gründlichen Erneuerungsbedarf gibt, so sind sie im Großen und Ganzen noch immer die bedeutendste Kraft des emanzipatorischen Lagers.

Sollte die Agenda 2010 »durchgedrückt« werden, vollzieht sich endgültig ein Systemwechsel. Der rheinische Kapitalismus, d. h. die Idee vom Sozialstaat und der sozialverträglichen Marktwirtschaft, wird zum Auslaufmodell. Zwar war auch dieses vor allem in Europa (im Gegensatz zur angelsächsischen Welt) propagierte Sozialstaatsmodell nie das Paradies auf Erden, aber das, was sich jetzt anbahnt, ist im Vergleich dazu ein zivilisatorischer Rückschritt.

Was hat Attac damit zu tun? Was hat das mit Globalisierung zu tun? Zwar ist es richtig, dass die Globalisierung nicht der einzige Faktor ist, der die Sozialsysteme und den Arbeitsmarkt beeinflusst. So sind beispielsweise auch der technische Fortschritt oder demographische Veränderungen von Bedeutung, aber dennoch ist der Abbau des Wohlfahrtsstaates nur im Zusammenhang mit der Globalisierung zu verstehen. Denn ökonomischer Kern der Globalisierung ist der Abbau von nationalstaatlichen Barrieren und der grenzüberschreitende Handel mit Waren, Dienstleistungen und Kapital, der politisch von den Regierungen der führenden Industrieländer und der von ihnen kontrollierten multilateralen Institutionen wie IWF, Weltbank und WTO durchgesetzt wurde. Dies führte zur Internationalisierung des Wettbewerbs und es wird in der Zukunft dazu führen, dass makroökonomische Steuerungsmöglichkeiten wie Zins- und Wechselkurshoheit nationalstaatlicher Kontrolle entzogen und dem Markt überantwortet werden. Die Finanzmärkte werden zur »fünften Gewalt«, wie der ehemalige Chef der Deutschen Bank, Breuer, es in einem Zeitungsartikel formulierte, während Joschka Fischer dazu spiegelbildlich erklärte: »Wir können nicht Politik gegen die Finanzmärkte machen.«

Unter diesen Bedingungen schafft der Staat den gesellschaftlichen Rahmen, der den Unternehmen optimale Verwertungsbedingungen im globalen Wettbewerb garantiert. Der Sozialstaat wird zum Wettbewerbsstaat. Die ganze Gesellschaft soll für den globalen Standortwettbewerb konditioniert und geformt werden. Das ist der eigentliche Kern des Umbruchprozesses, den wir gerade erleben und wie er parallel in der gesamten EU stattfindet. Den Entwicklungsländern wird diese Politik unter dem Titel »Strukturanpassung« schon seit 15 Jahren diktiert.

Ein besonderer Aspekt dieser Situation ist, dass die Zerstörung des Sozialstaates von einer Allparteienkoalition aller Bundestagsfraktionen getragen wird. Kritik und Opposition haben keine parlamentarische Repräsentanz mehr. Dadurch wächst außerparlamentarischen Akteuren, und hier momentan vor allem Attac, die Funktion zu, diese Unzufriedenheit zu artikulieren, politisch sichtbar zu machen und in Druck von unten zu bündeln.

Die neue Weltordnung

Die sozioökonomischen Umbrüche vollziehen sich international. Beide Prozesse sind miteinander verbunden und korrelieren. Der 11. September hat die bereits zuvor vorhandene Tendenz der USA zum Unilateralismus in einer offen imperialen Politik und durch beträchtliche Interessensdivergenzen mit den »Juniorrivalen« Frankreich und Deutschland manifest werden lassen. Der Irak-Krieg und die Art und Weise, wie die Nachkriegsordnung dort etabliert wird, markiert eine neue Epoche der internationalen Beziehungen. Eine unipolare Machtstruktur im internationalen System hat es in der ganzen Neuzeit nicht gegeben. Selbst auf dem Höhepunkt seiner Macht war das britische Empire in der multipolaren Welt des 19. Jahrhunderts machtpolitisch niemals so weit seinen Konkurrenten überlegen wie heute die USA dem Rest der Welt.

Dass die Bundesrepublik sich in dieser Situation gemeinsam mit Frankreich aus der engen Gefolgschaft der USA löst, ist ein historischer Bruch mit Grundpositionen einer 50-jährigen Außenpolitik. Der jüngst vereinbarte Aufbau einer »kerneuropäischen« Militärstruktur zwischen Frankreich, Belgien, Luxemburg und Deutschland bestätigt allerdings die Einschätzung, dass der deutsch-französischen Position zum Irak-Krieg weniger eine prinzipiell friedfertige Orientierung der Außenpolitik zu Grunde liegt, sondern eher ökonomische und politische Interessen im Vordergrund stehen, die immer weniger mit der Konkurrenz in den USA kompatibel sind. Insofern dürfte es sich bei den transatlantischen Spannungen nicht um eine vorübergehende Erscheinung, sondern um eine grundlegende Veränderung handeln.

Der subjektive Faktor

All die genannten Faktoren erklären noch nicht, warum gerade Attac zum bekanntesten Akteur der Globalisierungskritik in der Bundesrepublik wurde. Schließlich gibt es eine ganze Reihe von anderen Organisationen, die sich ebenfalls kritisch mit der Globalisierung befassen und gegen die Transformation des Sozialstaats in den Wettbewerbsstaat auftreten. Zu den Momenten, die die besondere Attraktivität von Attac ausmachen, gehören u. a.

- die Offenheit, Pluralität und der Netzwerkcharakter von Attac;

- die politische Breite, die Kombination von Basisaktivitäten, Lokalgruppen und Mitgliedsorganisationen. Sie bewirken eine Ausstrahlungskraft in weite Bereiche der Gesellschaft hinein, die über die quantitative Größe hinausgeht;
- die Kombination von pragmatischen und »realpolitischen« Forderungen – wie die nach der Tobin-Steuer – mit langfristigen Zielvorstellungen für einen sozial gerechten, demokratischen und ökologisch vertretbaren Umbau der Gesellschaft;
- das gleichberechtigte Zusammenwirken von Einzelmitgliedern, Organisationen, Lokalgruppen und inhaltlich arbeitenden AGs sowie die internen Spielregeln, nämlich das Konsensprinzip, Pluralität und Partizipation;
- die Mischung aus Diskussionsplattform und Katalysator für Lern- und Erfahrungsprozesse einerseits und Aktionsorientierung andererseits.

Attac war bisher erfolgreich mit diesen Prinzipien und sollte an ihnen auch weiterhin festhalten. Da ständig neue Mitglieder hinzukommen, ist die Vermittlung von Strukturen und Verfahren und deren Begründung eine permanente Aufgabe.

Die Herausforderungen

Die erwähnten Umbrüche vollziehen sich in einem unglaublichen Tempo. Auch hier erweist sich Beschleunigung als eines der grundlegenden Merkmale des Globalisierungsprozesses. Es scheint, als ob der Geschichtsprozess selbst eine Beschleunigung erfahren habe. Attac wird sich in dieser Dynamik nur dann erfolgreich behaupten können, wenn es seine eigene Politik permanent überprüft und sich rasch auf die Veränderungen einzustellen versteht. Es genügt nicht mehr, die Globalisierungskritik der letzten drei Jahre zu wiederholen. Auch zu den neu aufgetauchten Problemen muss Stellung genommen werden.

Ohne Anspruch auf Vollständigkeit scheinen folgende Punkte innerhalb einer zukunftsfähigen Strategie (weiterhin) notwendig zu sein:

1. Thematische Breite
2. Plurale Organisationskultur
3. Offenheit und Bündnisfähigkeit
4. Entwicklung von Alternativen

▶ 1. Thematische Breite

Die Wirkung einer jedweden politischen Organisation hängt zu einem großen Teil davon ab, ob es ihr gelingt, die relevanten Probleme aufzugreifen und auf die Tagesordnung der gesellschaftspolitischen Auseinandersetzung zu bringen.

Attac hat seinen Weg mit der Kritik der Finanzmärkte begonnen. Unser Name erinnert noch daran. Bald wurde dies auf eine generelle Globalisierungskritik ausgedehnt. Welthandelsfragen kamen auf die Tagesordnung, insbesondere das Thema GATS. Dann ist uns das Thema Krieg und Frieden aufgezwungen worden, und es gab auch gar keine andere Wahl, als es aufzugreifen. Sicher wird das Thema, wenn es nicht einen neuen Krieg gibt, auch etwas an öffentlicher Aufmerksamkeit verlieren. Konflikte werden aber generell ein Grundmuster der neuen Hegemonialordnung sein. Attac steht daher vor der Herausforderung, eine überzeugende Position zu den neuen Konstellationen im internationalen System zu entwickeln und diese mit seinem globalisierungskritischen Ansatz zu verbinden.

Die gleiche Aufgabe stellt sich für die Weiterentwicklung der Globalisierungskritik und deren Verknüpfung mit den sozialpolitischen Auseinandersetzungen in der Bundesrepublik. Hier kommt als besondere Schwierigkeit hinzu, dass wir uns dazu noch beträchtliche Sachkompetenz aneignen müssen. Generell ist bei der Definition unserer eigenen Agenda eine Konzentration auf einige Kernthemen notwendig. Eine uferlose thematische Ausweitung nimmt uns die Durchschlagskraft. Hier liegt auch eines der Unterscheidungsmerkmale zu einer Partei.

▶ 2. Plurale Organisationsstruktur

Attac wird durch ein innovatives Organisationsmodell zusammengehalten, dessen Kern Pluralität ist. Pluralität bezieht sich auf politische, ideologisch-weltanschauliche Pluralität, aber auch auf die Pluralität der Akteurstypen, das heißt, sie umfasst Einzelpersonen, lokale Gruppen, korporative Mitglieder wie Gewerkschaften, Verbände, NGOs etc., und auch bezüglich der Methodik ist Attac nicht auf ein »allein selig machendes« Konzept fixiert. Und schließlich gibt es bei Attac – wie in der gesamten globalisierungskritischen Bewegung – eine Vielzahl von strategischen Konzepten und Vorstellungen, diese zu verwirklichen. Pluralität ist ein grundlegendes Charakteristikum einer höchst komplex gewordenen Welt.

Daher genügt es nicht, diese Pluralität nur pragmatisch oder, weil die Kräfteverhältnisse es nicht anders zulassen, zähneknirschend als vorübergehende Phase zu akzeptieren, ansonsten aber darauf zu setzen, dass die anderen irgendwann dann doch die jeweils eigene und natürlich »richtige und wahre« Position zu übernehmen haben. Die Versuche, soziale Bewegungen ideologisch und organisatorisch zu homogenisieren, beziehen sich auf ein historisches Modell, das vor allem aus der Arbeiterbewegung stammt und das als gescheitert bezeichnet werden kann. Es kommt heute darauf an, Pluralität als ein methodisches Prinzip und als politische Produktivkraft wirksam werden zu lassen. Dazu sind alle avantgardistischen Führungsansprüche von Akteuren, die zu wissen glauben, wohin und wie die Welt verändert werden müsse, ad acta zu legen. Die Zukunft dieser Bewegung ist pluralistisch oder sie hat keine. Daher ist es notwendig, eine entsprechende politische Kultur zu entwickeln, die von allen mitgetragen wird. Das Selbstverständnis von Attac, wie es im Selbstverständnispapier formuliert ist, und die entsprechenden Verfahrensregeln bieten hier bereits eine gute Grundlage. Allerdings müssen diese Grundlagen immer wieder neu vermittelt und vertieft werden. Da sie dem durch Schule, Staat und Parteien vermittelten, repräsentativen Demokratieverständnis entgegenstehen, ist dies eine permanente Aufgabe.

▶ 3. Offenheit und Bündnisfähigkeit

So erfolgreich Attac Deutschland sich auch entwickelt hat, es besteht kein Grund zu Überheblichkeit. Insbesondere Gruppen, die meist aus Minderheitenpositionen oder gar der Marginalisierung heraus operiert haben und plötzlich Zugang zu einer größeren Öffentlichkeit finden, erliegen schnell der Versuchung, »abzuheben«.

Attac ist nur ein Teil der globalisierungskritischen Bewegung. Zwar derzeit mit einer gewissen Popularität, aber gerade das darf uns nicht veranlassen, gegenüber anderen Organisationen und Bewegungen, die zum Teil schon viel länger als wir in ihren Themenfeldern für eine andere Welt kämpfen, eine Art Führerschaft zu beanspruchen oder gar Arroganz aufkommen zu lassen. Vielmehr sollten wir unsere Kompetenzen in das große Bündnis einbringen, sie stetig weiter zu entwickeln bemüht sein, aber auch anerkennen, dass es andere gibt, die vieles, was auch zur Auseinandersetzung mit den verschiedensten Auswüchsen neoliberaler Wirklichkeit notwendig ist, viel besser können als wir.

Das emanzipatorische Lager ist viel größer als Attac. Noch immer sind die Gewerkschaften um ein Vielfaches bedeutender als Attac. Auch in anderen gesellschaftlichen Sektoren gibt es wichtige Partner, ohne deren Kooperation nennenswerte Veränderungen nicht durchzusetzen sind. Dazu gehören aufgeschlossene Kirchengruppen, Verbände, NGOs, Personen und so manche Untergliederung der einen oder anderen Partei. Das ist auch international so. Von Seattle über Genua bis Florenz war es keineswegs »die Basis« oder »die Straße« allein und als solche, die die Erfolge ermöglichte. Untrennbarer und meist bedeutenderer Bestandteil als öffentlich wahrgenommen waren »traditionelle« Organisationen.

▶ 4. Entwicklung von Alternativen

Attac ist mit der Parole »Eine andere Welt ist möglich« angetreten. Wie diese andere Welt wenigstens in Umrissen aussehen soll, dazu haben wir bisher sehr wenig Konkretes zu sagen. Brauchen wir überhaupt ein Programm für diese andere Welt? Wenn ja, wie könnte es aussehen? Hier liegt sicher eine der wichtigsten Debatten für die Zukunft. Rasche Antworten und Patentrezepte gibt es nicht. Antworten werden sich nur in einem Prozess gesellschaftlicher Praxis herausmendeln. Unsere Bewegung organisiert sich auch international unter Bedingungen, die die politische und kulturelle Diversität auf dem Planeten widerspiegeln. Aber auf Dauer werden wir nicht darum herumkommen, unsere Kritik mit Alternativvorschlägen zu ergänzen, die einerseits über Einzelmaßnahmen wie die Tobin-Steuer hinausgehen, andererseits aber nicht bei Allgemeinplätzen, wie die von der gerechten, demokratischen und ökologischen Zukunft, stehen bleiben.

Bei aller Sympathie, die uns in der Öffentlichkeit dafür entgegengebracht wird, dass wir weit verbreitetes Unbehagen und Kritik deutlich artikulieren, werden wir nur dann wirklich gefährlich für die bestehenden Verhältnisse, wenn wir Alternativen formulieren, die das Vertrauen größerer Teile der Bevölkerung gewinnen.

Peter Wahl

3 Von Frankreich in die ganze Welt – Attac International

Eine der spannendsten Seiten von Attac ist seine Internationalität. Viele unserer Forderungen lassen sich nur durch Regulierungen auf internationaler Ebene verwirklichen. Diese Veränderungen lassen sich jedoch nur durchsetzen, wenn die GlobalisierungskritikerInnen in den verschiedenen Ländern ähnliche Forderungen stellen. Die nationalen Regierungen, als die entscheidenden Akteure in der Weltpolitik, müssen mit gleichlautenden Forderungen unter Druck gesetzt werden. Dabei ist es wichtig, dass nicht nur die Interessen der reichen Industrieländer berücksichtigt werden. Aus beiden Gründen ist es daher erfreulich, dass Attac sowohl im Norden als auch im Süden existiert. Bisher gibt es Attac-Gruppen oder -Initiativen in insgesamt 50 Ländern. Dabei unterscheidet sich Attac von den bekanntesten internationalen Organisationen wie Greenpeace oder Amnesty International vor allem dadurch, dass es keine Zentrale gibt. Ebenso wenig existiert ein internationaler Vorstand. Vielmehr sind die verschiedenen nationalen Attac-Organisationen autonom. Sie bestimmen selbst über ihre Schwerpunkte, Strukturen und Inhalte. Erwartet wird allerdings eine Übereinstimmung mit den Zielen der internationalen Plattform. Attac ist also nicht gleich Attac. Diese starke Unabhängigkeit der nationalen Attacs trägt dem Selbstverständnis als soziale Bewegung Rechnung und führt so dazu, dass Attac nie vom Ausland aus gegründet wird. Die Initiative zur Gründung muss aus dem jeweiligen Land selbst kommen.

Attac-Initiativen existieren zur Zeit in folgenden Ländern:

▶ Europa

Andorra, Belgien (Flandern & Wallonien), Dänemark, Deutschland, Finnland, Frankreich, Griechenland, Großbritannien, Irland, Italien, Jersey, Luxemburg, Niederlande, Norwegen, Österreich, Polen, Portugal, Russland, Schweden, Schweiz, Slowenien, Spanien, Türkei, Ungarn

▶ Nordamerika

Kanada (Britisch Kolumbien & Quebec)

▶ Lateinamerika

Argentinien, Bolivien, Brasilien, Chile, Costa Rica, Kolumbien, Ekuador, Paraguay, Peru, Uruguay, Venezuela

▶ Afrika

Burkina Faso, Elfenbeinküste, Kamerun, Mali, Marokko, Senegal, Tunesien

▶ Asien/Ozeanien

Australien, Japan, Libanon

Außerdem gibt es eine Attac-Gruppe im Europäischen Parlament.

Internationale Koordinationen

Der wichtigste Ort für internationale Abstimmungen sind die regelmäßigen Treffen. Dazu nutzen wir die großen

»Events« der globalisierungskritischen Bewegung: Einmal im Jahr findet ein Welt-Attac-Treffen beim Weltsozialforum statt, Attac Europa trifft sich bei den Protesten zu den EU-Ministerratstreffen, und wenn die G8 in Europa zusammenkommt, wird dort ebenfalls ein solches Treffen organisiert. Diese Treffen sind öffentlich.

Die Kooperation zwischen den europäischen Attacs ist viel enger: Etwa einmal im Monat findet eine europäische Telefonkonferenz mit je einem Delegierten statt, bis zu zweimal im Jahr findet eine europäische Attac-Klausur statt, bei der sich Delegierte der nationalen Attacs treffen, und schließlich gibt es mit der Kampagne gegen das GATS eine europaweite Aktion. Die lateinamerikanischen Attacs konzentrieren sich dagegen eher auf den Widerstand gegen die geplante amerikanische Freihandelszone ALCA. Die europäische GATS-Kampagne war ein großer Erfolg. Auch ohne ein zentrales Gremium beteiligten sich praktisch alle europäischen Attacs an der Kampagne. In einigen Ländern wurde Attac zu einem wichtigen Thema der innenpolitischen Auseinandersetzung.

Attac hat bisher ganz bewusst keine eigenen kampagnenorientierten internationalen Arbeitszusammenhänge aufgebaut. Vielmehr beteiligen sich die Attacies an den themenspezifischen Vernetzungen, die in der globalisierungskritischen Bewegung bereits existieren. Dazu gehört etwa im Welthandelsbereich das »Seattle to Brussles Network« oder im Bereich Steuerflucht das »International Tax Justice Network«. Das ermöglicht internationale Kampagnen weit über Attac hinaus.

Aktuelle Entwicklungen

Beim Weltsozialforum in Bombay im Januar 2004 wurde eine neue Plattform von Attac International diskutiert. Die alte Plattform entspricht in vielen Bereichen nicht mehr der Realität bei Attac. Sie ist fast ausschließlich auf Finanzmärkte ausgerichtet. Inzwischen arbeiten die meisten Attacies jedoch zur ganzen Bandbreite der Globalisierungsthematik. Hier einen neuen aktualisierten Konsens zu formulieren war eine große Herausforderung.

Sven Giegold

4 Gemeinsam handeln – Kooperationen und Bündnisse

Über 100 nationale Organisationen haben sich Attac mittlerweile angeschlossen. Dies sorgt dafür, dass viele Aktivitäten von den verschiedenen Mitgliedsorganisationen mitgeplant oder zumindest unterstützt werden. Trotz dieser Breite ist Attac natürlich nur ein Teil der noch breiteren globalisierungskritischen Bewegung. Deshalb ist es wichtig, immer wieder mit verschiedenen KooperationspartnerInnen zusammenzuarbeiten. Für uns als relativ junge Bewegung ist es wichtig, dass es Organisationen und Netzwerke gibt, die bestimmte Themen schon länger und besser bearbeiten, als wir selbst es könnten. Hier gilt es, Bündnisse einzugehen und Ressourcen einzubringen. Ein Attac-internes ungeschriebenes Gesetz besagt, dass die Selbstdarstellung immer hinter dem breiten Kreis von Bündnispartnern zurückzustehen hat. Deshalb haben wir bei vielen Aktivitäten und Themen, die wir auch hätten alleine angehen können, Partnerschaften initiiert oder uns daran beteiligt. Darüber hinaus hat Attac bislang keine konsistente oder umfassende Bündnisstrategie entwickelt. Vielmehr wurden Bündnisse flexibel eingegangen, um Kampagnen erfolgreicher oder überhaupt erst möglich zu machen.

Selbstredend ist bei jedem Bündnis, das wir eingehen, wichtig, dass die Inhalte der Kooperation für alle Teile unseres eigenen Attac-Bündnisses tragbar sind. Diese Einschätzung zu treffen ist manchmal nicht leicht.

Die Kooperation mit den Gewerkschaften

Nachdem Attac Deutschland zunächst wenig Kontakt zu Gewerkschaften hatte, änderte sich dies in den letzten beiden Jahren. Auch wenn die Gewerkschaften und ihre verschiedenen Strömungen sehr unterschiedlich sind, entwickelte sich an vielen Stellen doch eine fruchtbare Zusammenarbeit. Die Gewerkschaften sind auch international ein wichtiger Teil der globalisierungskritischen Bewegung. Immer mehr GewerkschafterInnen sehen, dass sie soziale Gerechtigkeit unter Bedingungen wirtschaftlicher Internationalisierung nicht mehr allein verteidigen können. GEW, DGB-Jugend, ver.di und der DGB des Saarlandes erklärten ihre Mitgliedschaft bei Attac. Die IG Metall forderte alle Untergliederungen auf, aktiv mit Attac zusammenzuarbeiten. Darüber hinaus wurden zu verschiedenen Themen gemeinsame Pressekonferenzen durchgeführt (Tobin-Steuer, soziale Sicherung, Abgeltungssteuer, GATS u. v. m.).

Mit dem DGB und dem entwicklungspolitischen Zusammenschluss VENRO wurde eine gemeinsame Erklärung (»Globalisierung gerecht gestalten«) verabschiedet, in der ein gemeinsames Programm skizziert wird. Diese Erklärung löste eine kontroverse Diskussion bei Attac aus, die auf www.attac.de/debatte dokumentiert ist. Am 14.9.2002 fand in Köln ein gemeinsamer Aktionstag mit Großdemonstration statt. Vier Gewerkschaftsjugendverbände, Attac, Arbeitslosenorganisationen und die Friedensbewegung zeigten dort, dass sie weder mit Rot-Grün noch mit konservativ-liberalen Politikvorstellungen einverstanden sind. 40 000 TeilnehmerInnen beteiligten sich an der größten Demonstration vor der Bundestagswahl. An den Sozialforen beteiligen sich die Gewerkschaften immer intensiver, und in vielen Attac-Gruppen arbeiten GewerkschafterInnen mit. In der Auseinandersetzung um Alternativen zum sozialen Kahlschlag werden wir diese Zusammenarbeit weiter führen.

Das GATS-Bündnis

Die Kampagne gegen die GATS-Verhandlungen wurde von Anfang an in einem breiten Bündnis geführt. Die geplanten Liberalisierungen im Dienstleistungssektor haben negative Auswirkungen in ganz verschiedenen Bereichen: Verschlechterung der Arbeitsbedingungen im Gesundheitswesen, stärkere Umweltbelastungen durch Deregulierungen im Wassersektor, schlechtere Lernbedingungen für weniger Wohlhabende in Universitäten und neue Finanzkrisen in Entwicklungsländern durch schnellere Öffnung der Finanzsektoren von armen Ländern sind nur einige Beispiele. Das Anti-GATS-Bündnis reicht daher von der Studierendenorganisation »Education is not for sale« und der GEW über den BUND und ver.di über zahlreiche Nichtregierungsorganisationen bis hin zu Organisationen aus dem kirchlichen Milieu. Mehrere hunderttausend Flyer und Protestpostkarten wurden verteilt, Unterschriften gesammelt und viele hundert Veranstaltungen zum Thema organisiert.

Die Friedensbewegung

Seit dem 11. 9. 2001 und dem sich abzeichnenden Krieg gegen Afghanistan arbeitet Attac aktiv in der Friedensbewegung mit. Dabei war für uns immer klar: In diesem Bereich gibt es viele Einzelpersonen und Organisationen, die über viel mehr Wissen und Erfahrung verfügen als wir. Attac will nicht mit »großartigen« eigenen Aktionen aufwarten, sondern gemeinsame Aktivitäten in einem breiten friedenspolitischen Bündnis unterstützen. So waren wir beispielsweise bei der Demonstration beim Bush-Besuch am 1.5. 2002 in Berlin oder beim weltweiten Aktionstag am 15.2. 2003 gegen den Irak-Krieg vertreten. Auch beteiligten sich viele Attac-Mitglieder und SympathisantInnen an den gewaltfreien Blockaden der Initiative »resist« gegen US-Einrichtungen vor und während des Irak-Krieges.

Die ChristInnen und die Globalisierung

Auch mit den Kirchen und christlichen Gruppen entwickelte sich eine immer intensivere Zusammenarbeit. Hintergrund ist eine weltweit in den Kirchen laufende Debatte über das Verhältnis zwischen christlichem Glauben und ökonomischer Ungerechtigkeit im Zuge des Globalisierungsprozesses. Immer mehr ChristInnen meinen, dass der schlimmer werdende »Raubtierkapitalismus« als eine Art »strukturelle Sünde« mit dem Christentum unvereinbar ist. Pax Christi, Kairos Europa, Südwind-Institut sowie mehrere ökumenische Netzwerke waren an der Gründung von Attac beteiligt. Mit der Zeitung kritischer ChristInnen »Publik Forum« haben wir ein gemeinsames Dossier zur Globalisierung herausgebracht. Zum ökumenischen Kirchentag entstand eine gemeinsame Zeitung mit unseren christlichen PartnerInnen. Ende 2002 erklärte der Bund der reformierten Kirchen in Deutschland mit 2,5 Millionen Mitgliedern seinen Beitritt zu Attac.

Leider tun sich die Führungen der evangelischen und katholischen Kirche in Deutschland mit einer offenen Sympathieerklärung mit der globalisierungskritischen Bewegung in ihrer Mehrheit noch schwer.

Attac und die Umweltbewegung

Lange war die Verbindung zwischen der Umweltbewegung und Attac in Deutschland eher schwach. Vielleicht auch, weil die Umweltbewegung nicht mehr so sehr »Bewegung« ist und sich im globalisierungskritischen Umfeld viele eher sozial Engagierte tummeln, die sich mit ökologischen Grenzen und Naturzerstörung wenig beschäftigen. Mit der Gründung der bundesweiten Attac-AG »Globalisierung und Ökologie« wurde das anders. Zur Johannesburg-Konferenz wurde eine Zeitungsbeilage herausgegeben. Der Kongress »McPlanet.com«, der zusammen mit dem BUND und Greenpeace Ende Juni 2003 organisiert wurde, stellte einen vorläufigen Höhepunkt dar. Viele ExpertInnen der Umweltbewegung, die schon seit langem zu internationalen Umweltproblemen arbeiten, stellten dort ihre Kompetenz zur Verfügung. Attac ist in der Umweltbewegung angekommen und die Umweltbewegung ist auch in Deutschland auf Tuchfühlung mit der globalisierungskritischen Bewegung.

Kooperation mit Medien und Verlagen

Um unsere Materialien und Inhalte weiter verbreiten zu können, kooperieren wir mit Verlagen und Medien. Mit dem VSA-Verlag in Hamburg geben wir die Attac-Basis-

Texte heraus, eine kleine Buchreihe zu den wichtigsten Attac-Themen. Außerdem werden einige Bücher in Kooperation herausgegeben.

Mit den Berliner Zeitungen »taz« und »Junge Welt« haben wir diverse Zeitungsbeilagen gemacht. Beide Zeitungen unterstützten Mobilisierungen zu Großveranstaltungen von Attac mit Anzeigenraum, während sie sich bei unseren Kongressen präsentieren konnten. Die Zusammenarbeit mit dem S. Fischer Verlag in Frankfurt am Main hat sich im Herbst 2003 ergeben.

Peter Wahl

5 Attac und die Bewegung der Sozialforen

Für Attac war schon in der Gründungsphase klar, dass es nicht der einzige Akteur in der globalisierungskritischen Bewegung sein wird und hier auch keine dominierende Rolle anstrebt. Die Beschränkung auf Kernforderungen, wie sie in der Erklärung niedergelegt sind, macht das deutlich. Wohl aber wussten Attac-Mitglieder, dass der zerstörerischen neoliberalen Politik der Widerstand der gesamten emanzipatorischen Bewegung entgegengesetzt werden muss, um Veränderung zu erreichen. Attac zählte im Januar 2001 zu den Initiatoren des ersten World Social Forum (WSF) im brasilianischen Porto Alegre. Das Forum verstand sich zunächst als Gegenmacht zum Weltwirtschaftsgipfel, den die Eliten dieser Welt jährlich im Schweizer Davos veranstalten. Unter der Losung »Eine andere Welt ist möglich!« wurde ein Raum geschaffen, in dem Menschen mit ganz unterschiedlichen Ansätzen, Hintergründen, Erwartungen und Erfahrungen gemeinsam diskutieren, streiten und nach Lösungen suchen.

Als in Porto Alegre auf dem WSF im Januar 2001 zum ersten Mal Bürgerbewegungen zusammenkamen, die sich dem Neoliberalismus widersetzten und daran arbeiteten, eine Weltgesellschaft mit menschlichem Antlitz aufzubauen, entstand eine ganz eigene Organisationsweise, in der die Kraft der weltweiten Bürgerbewegung ihren Ausdruck findet.

Seitdem wurde die Bewegung immer erfolgreicher. Zwei weitere WSF fanden in Porto Alegre statt, das letzte vom 23. bis 28. Januar 2003, und die Teilnehmerzahl hat sich jedes Mal verdoppelt. Auch das Treffen im Januar 2004 in Mumbai setzte neue Maßstäbe. Das Modell hat Schule gemacht, und es entstanden Sozialforen auf der Ebene von Kontinenten, auf nationaler und sogar auf lokaler Ebene. Das Weltsozialforum bleibt nur dann der Ort einer weltweiten demokratischen Debatte, wenn diese Debatte dezentral fortgeführt wird. Deshalb trat parallel zu ähnlichen Foren in Afrika und Asien im November 2002 in Florenz ein erstes Europäisches Sozialforum (ESF) zusammen. Das zweite ESF fand im November 2003 in Paris, Saint-Denis, Bobigny und Ivry statt. Wie in Porto Alegre und Florenz war es eine offene Begegnungsstätte zum Austausch von Erfahrungen und Meinungen und zur Vertiefung der Reflexion zwischen den verschiedenen Bewegungen, die sich dem Neoliberalismus widersetzen. Es geht nicht nur darum, die Notwendigkeit eines anderen Europa zum Wohl der Menschen zu betonen, sondern auch darum, aufzuzeigen, dass dieses andere Europa möglich ist. Es müssen Mittel und Wege zu seiner Verwirklichung skizziert werden. Sicherlich vereinte auch dieses Forum sehr unterschiedliche und teilweise gegensätzliche Gruppen, aber die Stärke von Attac liegt eben gerade in dem Willen, die Meinungsverschiedenheiten nicht zu leugnen, sondern vielmehr die Auseinandersetzung zu strukturieren, um die Debatte voranzubringen.

Die Bewegung der Sozialforen organisiert sich aber auch auf nationaler und lokaler Ebene. So wurden die Demonstrationen von Genua durch ein Genueser SF organisiert, nach dessen Vorbild sich mittlerweile in ganz Italien lokale Sozialforen gebildet haben. Auch in der Bundesrepublik gründen sich erste Sozialforen.

Viele von uns sind aus Florenz und Paris, aus Porto Alegre und Mumbai (Bombay) mit der Erkenntnis zurückgekommen, dass die Globalisierungsprozesse nicht nur in Bezug auf ihre weltweiten bzw. europaweiten Folgen hin diskutiert werden sollten, sondern dass die Privatisierung der öffentlichen Dienstleistungen, die Verarmung der Kommunen und die massiven Sozialkürzungen auch auf nationaler und kommunaler Ebene deutlich zu spüren sind. Es haben sich im Rahmen dieser weltweiten Widerstandsbewegung auch in Deutschland zahlreiche lokale Sozialforen gebildet, die bereits aktiv im Kampf gegen die Verschleuderung kommunalen Eigentums stehen.

Inzwischen zeichnet sich in dieser Bewegung eine neue Qualität ab. Vor dem Hintergrund des brutalen sozialen Kahlschlags, der die Salamitaktik früherer Jahre abgelöst und das Ende des liberalen Sozialstaatsmodells europaweit auf die Tagesordnung gesetzt hat, müssen sich auch etablierte Gewerkschaften nach Verbündeten umsehen. Die neuen sozialen Bewegungen der Globalisierungskritiker und die alten sozialen Bewegungen der Arbeiterassoziationen bewegen sich vorsichtig aufeinander zu.

Nicht allein in den Straßen von Florenz und Paris haben rote Gewerkschaftsfahnen den Beginn dieses Prozesses dokumentiert. Auch der bislang eher von sozialdemokratischem Konservatismus geprägte Europäische Gewerkschaftsbund hat sich entschlossen, dieses Bündnis einzugehen und sich aktiv an dem Prozess Sozialforum zu beteiligen. Auch bei einigen deutschen Gewerkschaften wie ver.di, GEW, NGG, Transnet und der IG Metall und selbst in der Chefetage des DGB wird hier und da die Notwendigkeit eines solchen Zusammengehens gesehen.

Selten zuvor haben sich in so kurzer Zeit so viele Umbrüche und neue Problemlagen ergeben. In solchen historischen Situationen sind auch die Chancen für Veränderungen größer als in »normalen« Zeiten. Es öffnen sich neue Möglichkeiten, die aber auch rasch wieder verschwinden können. Deshalb wäre es dringend notwendig, einen Prozess strategischer Verständigung zwischen den einzelnen Strömungen des emanzipatorischen Lagers herbeizuführen. Globalisierungskritische Bewegung, Gewerkschaften, Arbeitsloseninitiativen, Sozialverbände, progressive Milieus der Kirchen, kritische Intellektuelle und WissenschaftlerInnen sowie aufgeschlossene Einzelpersonen in Parteien und Parlamenten müssen zusammenwirken, um Alternativen zu entwickeln. Ein Sozialforum in Deutschland könnte ein Kristallisationspunkt für einen solchen Diskussionsprozess sein.

Während einer Tagung der »Initiative für ein deutsches Sozialforum« im Februar 2003 in Berlin wurde eine Unter-Initiative zur Zusammenführung aller interessierten Gruppen, Organisationen und Personen gegründet. Zugleich hatte sich auf Initiative von Attac ein Kreis von Personen aus unterschiedlichen Gruppierungen – von Gewerkschaftsfunktionären bis zu Theologen – getroffen, der ebenfalls der Meinung war, dass alle Kräfte des sozialen Widerstands in Deutschland jetzt in einem solchen Forum zusammengeführt werden sollen, um Widerstand und Alternativen zu stärken. Gleichzeitig haben sich in zahlreichen Städten der Bundesrepublik bereits lokale oder regionale Sozialforen gebildet. Vor Ort wollen sie den Folgen der neoliberalen Globalisierungspolitik entgegentreten und dabei möglichst viele Gruppierungen in diesen Kampf mit einbeziehen. So formiert sich unter aktiver Mitwirkung von Attac auch in Deutschland eine breite Bewegung der gesamten Zivilgesellschaft, die bereit und in der Lage ist, den Mainstream in der Bevölkerung unseres Landes zu verändern, die Akzeptanzkrise des Neoliberalismus zu vertiefen und so den Weg zu einer anderen, besseren Welt zu ebnen.

Hugo Braun

6 Attac in Zahlen

Die 10 größten Attac-Gruppen international

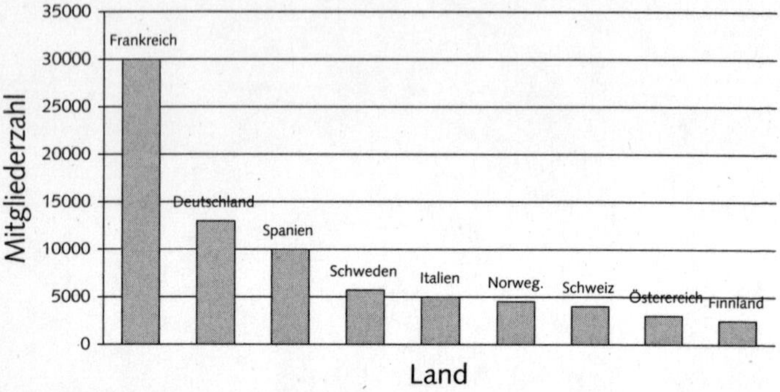

Attac – das jüngste Geschwisterkind der sozialen Bewegungen – hat inzwischen international beachtliche Verbreitung gefunden: In 50 Ländern auf allen fünf Kontinenten gibt es nationale Organisationen mit insgesamt über 90 000 zahlenden Mitgliedern. Die meisten von ihnen sind in den europäischen Staaten zu finden. Attac Frankreich ist die größte nationale Gruppe mit etwa 30 000 Mitgliedern, Deutschland folgt im Vergleich an zweiter Stelle. Das Land mit der kleinsten Attac-Gruppe ist Ecuador – dort waren Ende 2003 nur zehn Menschen Mitglied. Das kleine Andorra ist das Land mit der höchsten Dichte von »Attacies«: Dort gibt es im Verhältnis zur Einwohnerzahl die meisten Mitglieder.

»Attac-Dichte« in der Bevölkerung

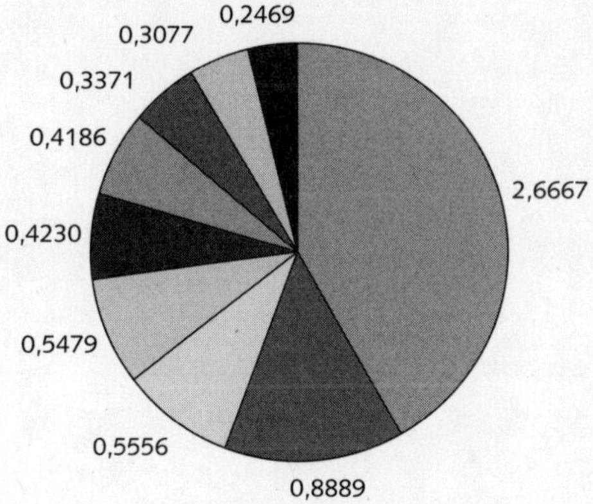

Seit der »Geburt« im Januar 2001 hat sich Attac in Deutschland enorm entwickelt, wie am Mitgliederzuwachs deutlich abzulesen ist. Die anfangs recht geringe Anzahl von nur 266 Mitgliedern im Februar 2001 ist bis November 2003 auf stolze 13 000 angewachsen – Tendenz weiter steigend.

Im Jahr 2003 haben sich wöchentlich durchschnittlich über 80 Menschen für eine Mitgliedschaft bei Attac entschieden. Dem stehen etwa 5 Austritte pro Woche gegenüber.

Neben den (zahlenden) Mitgliedern gibt es natürlich noch weit mehr »Attacies«, die sich zugehörig fühlen, mitmachen und regelmäßig mit Infos versorgt werden. Ihre Zahl kann an den EmpfängerInnen des Infoverteilers »d-Info« gemessen werden. Das sind etwa 35 000 Menschen, die Interesse an den von Attac vertretenen Themen zeigen, regelmäßig mit unseren Nachrichten versorgt werden und aktiv werden.

Mitgliederentwicklung Attac Deutschland

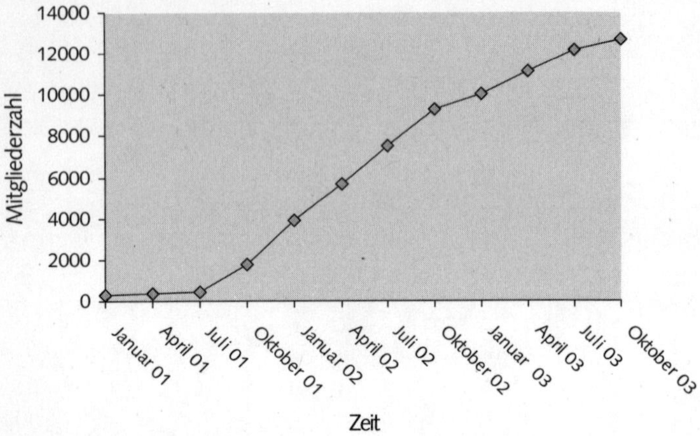

Den Bewegungscharakter von Attac erkennt man vor allem an der Vielfalt und der Vielzahl der kleinen Gruppen, die sich überall in der Bundesrepublik gebildet haben: Fast wöchentlich entsteht eine neue Gruppe und inzwischen gibt es sie in 200 Städten und Gemeinden.

Da Attac gleichzeitig ein globalisierungskritisches Netzwerk ist, können nicht nur Einzelpersonen Mitglied werden, sondern auch Organisationen und Vereine. Auch ihre Anzahl wächst stetig und derzeit sind es 160 sowohl lokale und regionale, aber auch landesweite Organisationen. Folgende bundesweite Organisationen sind Mitglied:

Afrikamissionare – Weiße Väter/Arbeitsgemeinschaft bäuerliche Landwirtschaft e. V./Arbeitskreis für Entwicklungspolitik & Selbstbesteuerung e. V./Aktion Partnerschaft Dritte Welt/Aktion Selbstbesteuerung e. V./Aktionskonferenz Nordsee/Aktionszentrum 3. Welt e. V./ALASEI/Arbeitsgemeinschaft Sozialpolitischer Arbeitskreise/Arbeitsgruppe Alternative Wirtschaftspolitik – Memorandum-Gruppe/Arbeitskreis Evangelische Erneuerung (AEE)/Arbeitskreis Frauen und Weltwirtschaft der Fachstelle für Frauenarbeit/Arbeitskreis Ökonomie und Kirche/Arbeitskreis Solidarische Welt e. V./BLUE 21/BUND für Umwelt und Naturschutz Deutschland e. V./Bundesverband zum Schutz vor Rechtsmissbrauch e. V./BUND-Jugend/Christen für den Sozialismus BRD/Christen für gerechte Wirtschaftsordnung e. V./Christliche Initiative Romero/Coordination gegen BAYER-Gefahren e. V./Dachverband kritischer Aktionärinnen und Aktionäre/dbv Dietrich-Bonhoeffer-Verein e. V./DGB-Jugend/Eirene – Deutscher Zweig e. V./Entwicklungspolitische Gesellschaft e. V./Euromärsche/Evangelische Akademikerschaft in Deutschland (EAiD)/FFBIZ e. V./FIAN Sektion Deutschland/Forschungs- und Dokumentationszentrum Chile – Lateinamerika (FDCL)/Frauen für Gerechtigkeit in Südafrika und hier/Frauen wagen Frieden/Forschungs- und Bildungsinstitut ARGOS e. V./Gemeindedienst für Mission u. Ökonomie/Germanwatch e. V./Gesellschaft für Kultur des Friedens/Gesellschaft für Zukunftsmodelle und Systemkritik (GZS)/GEW Bundesverband/globalisation as if people mattered, GPM – international/Gustav-Heinemann-Initiative/Grüne Jugend, Bundesverband/Gossner Mission/ILA Informationsstelle Lateinamerika/Informationsstelle Peru e. V./Initiative Kirche von unten e. V./Initiative Ordensleute für den Frieden – IOF/Initiative Pro Afrika e. V./INKOTA-Netzwerk e. V./Institut für angewandte Psychoanalyse und Kulturforschung/Internationale Entwicklung und Soziale Arbeit/INWO Initiative für Natürliche Wirtschaftsordnung e. V./IPPNW/JungdemokratInnen/Junge Linke Bundesverband/Juso Bundesverband/Kairos Europa/Kirchliche Arbeitsstelle Südliches Afrika (KASA)/Kontaktstelle für Umwelt und Entwicklung e. V./Gemeinschaft für soziale Gerechtigkeit, Frieden und Ökologie e. V./Le Monde diplomatique Deutschland/Linksruck/medico international/Missionszentrale der Franziskaner/Naturfreunde/Naturfreundejugend Deutschland/NaturwissenschaftlerInnen-Initiative »Verantwortung für Frieden und Zukunftsfähigkeit«/ Netzwerk für eine kämpferische und demokratische ver.di/ Netzwerk gegen Konzernherrschaft und neoliberale Politik/Netzwerk Reform/NRO-Frauenforum e. V./Oikokredit/ Ökumenische Initiative Eine Welt/One Dollar for Everyone Campaign (ODEC)/Ost-West-Europäisches Frauennetzwerk/Oswald von Nell-Breuning Institut/Pax Christi Deutsches Sekretariat/Plädoyer für eine ökumenische Zukunft/ Pro Asyl/Pro Ökumene/Psychosoziale Gesellschaft/Reformierter Bund/RückkehrerInnenausschuss Dienste in Übersee/Senioria Solidaria Cooperativa/Share – Aktion für gerechte Ökonomie/Solarpolis/Solid – Die sozialistische Jugend/Solidaritätsdienst International e. V. (SODI)/Sozialismus-Redaktion/SPW, Zeitschrift für Sozialistische Politik und Wirtschaft/Stiftung Leben und Umwelt/Stiftung Nord-Süd-Brücken/Stiftung Umverteilen/Südwind – Institut für Ökonomie und Ökumene/SUN-Stiftung/terre des hommes/Vereinigte Dienstleistungsgewerkschaft Ver.di/Verein für Friedenspolitik und Demokratische Bildung e. V./Wählerinitiative Lebendige Demokratie/WEED e. V./Weltfriedensdienst e. V./World Vision Deutschland/Zentrum Ökumene e. V.

Marlene Schäfers

Teil II

»Sand ins Getriebe«
Themen und Arbeitsschwerpunkte

1 Der Welthandel und die WTO – weltweiter Markt oder Vermarktung der Welt?

Innere und äußere Landnahme: So lassen sich zwei einander ergänzende Facetten der Globalisierung beschreiben. Auf der pausenlosen Jagd nach Profit rücken transnationale Konzerne nicht nur in immer mehr Länder vor – die äußere Landnahme –, sondern auch in weite Bereiche der Natur und der Daseinsvorsorge – die innere Landnahme. Gerade hier schlummern noch unerschlossene Geschäftsmöglichkeiten. Die natürlichen Ressourcen Wasser und Luft, Artenvielfalt und Gene sowie die sozialen Errungenschaften des Bildungs- und Gesundheitswesens, der städtischen Ver- und Entsorgung: Beides verspricht beträchtliche Profite. Voraussetzung aber – ihre Verwandlung vom öffentlichen Gut zur Ware.

Dieser Metamorphose jedoch stellen sich noch manche Hürden in den Weg: Zölle, Quoten, Gesetze, Auflagen, Arbeits-, Umwelt- und Verbraucherschutz. Zahlreich sind die staatlichen Eingriffe, die Konzerne gerne reduziert, modifiziert, dereguliert oder abgeschafft sähen. Sie fordern Liberalisierung und Privatisierung in aller Welt. Konservative Denkfabriken unterstützen sie darin, liefern das Material für neoliberale Propaganda. Beispiel OECD: Dieser Pariser »think tank« prognostiziert weltweite Wohlfahrtsgewinne von jährlich 260 Mrd. US $ bei Beseitigung der Handelsschranken. Was bei diesen blumigen Berechnungen aber fehlt, sind die Schattenseiten, die Frage nach Gewinnern und Verlierern. Wer streicht die Profite ein? Wer hat etwas zu verlieren? Ohne diese Fragen ernsthaft zu beantworten, wird der Freihandel zur Doktrin.

Eifrig stricken Regierungen an einem weltumspannenden Netz von Handelsverträgen, und zwar auf allen Ebenen: von bilateralen Investitionsabkommen über regionale Zusammenschlüsse (wie die Europäische Union oder der südamerikanische Mercosur) bis zur Welthandelsorganisation WTO. Deutschland ist dabei nicht nur Weltmeister im Export, sondern auch beim Investorenschutz. Über 130 Verträge schloss die Bundesrepublik mit den Empfängerländern deutscher Exporte zugunsten der Industrie, zulasten staatlicher Regulierung. Seit 1997 reißt das europäische Binnenmarktprogramm die Handelsschranken im Innern der EU ein. Das erklärte Ziel: den europäischen Firmen eine starke Basis für ihre Expansion auf dem Weltmarkt zu verschaffen, sie von »Eurochampions« in »Global Player« zu verwandeln. Mit vielen Regionen verhandelt die EU mittlerweile selbst über Liberalisierungsabkommen, so mit dem Mercosur, der südostasiatischen ASEAN-Gruppe, den Mittelmeeranrainern und mit 79 Staaten Afrikas, der Karibik und des Pazifik, den sogenannten AKP-Ländern. Verträge mit Mexiko, Südafrika und Chile sind bereits unter Dach und Fach.

Die Krönung all dieser Bemühungen betrat 1995 die Bühne der Weltpolitik. Damals nämlich öffnete die WTO in Genf ihre Pforten, die »graue Eminenz der Globalisierung«. Acht Jahre dauerten die zähen Verhandlungen, die zu ihrer Gründung führten. Das Ergebnis ist eine der mächtigsten Organisationen der Weltwirtschaft, der heute 148 Staaten angehören. Mit ihrer Gründung vollzog sich eine gigantische Erweiterung des Handelssystems, denn neben dem schon seit 1948 existierenden Zollabkommen GATT wurden mehrere neue Bereiche in die WTO aufgenommen. Dazu gehören das Patentschutzabkommen TRIPS, das der Liberalisierung von Dienstleistungen gewidmete GATS sowie das Agrarabkommen.

Herzstück aber ist das mächtige Schiedsgericht, mit dem die Handelsregeln international durchgesetzt werden können. Auf Antrag eines oder mehrerer WTO-Mitglieder entscheidet eine nicht-öffentlich tagende Schiedskommission über Handelskonflikte. Die in einem Streit unterlegenen Staaten können durch ihre Kontrahenten mit empfindlichen Sanktionen belegt werden, zumeist mit Strafzöllen. Diese treffen Entwicklungsländer, die häufig von dem Export nur weniger Rohstoffe abhängig sind, besonders hart. Sollte ein afrikanisches Land hingegen einen Streitfall gegen die EU gewinnen, könnte es zwar Strafzölle erheben, da der Absatz europäischer Produkte in den meisten afrikanischen Staaten aber minimal ist, wird diese Maßnahme die EU nicht sonderlich schmerzen. Das Machtgefälle zwischen Nord und Süd bleibt unangetastet.

Die Folgen der WTO-Politik können in vielen Ländern besichtigt werden. So behindert das TRIPS-Abkommen den kostengünstigen Zugang zu lebensnotwendigen Medikamenten. Wollen Regierungen den Patentschutz auf Markenmedikamente aussetzen, um Lizenzen an Hersteller günstiger Nachahmerprodukte zu vergeben, müssen sie zunächst auf umständliche Art einen Gesundheitsnotstand nachweisen. Das Agrarabkommen lässt zu, dass EU und USA ihre hoch subventionierten landwirtschaftlichen Güter zu Dumpingpreisen auf den Weltmarkt werfen und Produzenten im Süden vom Markt verdrängen. Schlimmer noch: Gegen das Agrardumping durfte bislang nicht einmal vor der WTO geklagt werden. Das GATS schließlich erweist sich als gefährliche Sackgasse: Es forciert nicht nur den Ausverkauf öffentlicher Dienste, sondern schreibt bereits vollzogene Privatisierungen unumkehrbar fest. Die EU nutzte diesen Vertrag gar, um von einer großen Zahl von Entwicklungsländern den Ausverkauf der Trinkwasserversorgung zu fordern.

Allerdings: Die zerstörerischen Folgen des Freihandels provozieren Widerstand. Vor allem die alle zwei Jahre stattfindenden Konferenzen der WTO lösen regelmäßig einen Aufmarsch ihrer Kritiker aus, so zuletzt bei ihrem gescheiterten Gipfel im September 2003 im mexikanischen Cancún. Erst die Massendemonstrationen am Rande ihres Gipfels 1999 in Seattle rückten die WTO in das Licht einer größeren Öffentlichkeit. Seattle symbolisiert heute die Geburtsstunde der globalisierungskritischen Bewegung. Das Bemerkenswerteste der damaligen Proteste war die Vielfalt der Gruppen, die gegen den Freihandel mobilisierten. Trotz vielerlei inhaltlicher und politischer Divergenzen kam es zu gemeinsamen Aktionen von Gewerkschaften, Umwelt-, Bürgerrechts-, Verbraucher- und Solidaritätsgruppen aus aller Welt. So hat die WTO letztlich auch etwas Gutes – sie eint ihre Gegner.

Thomas Fritz

2 Das Ende der sozialen Gerechtigkeit

Im Rahmen der Globalisierung werden überall die Grenzen für Kapital, Waren und Dienstleistungen geöffnet, damit die Anbieter in einen freien Wettbewerb treten können. Da geht es nicht nur zu wie beim Monopolyspiel – wer viel hat, hat es leicht, noch mehr zu bekommen. Diese Tendenz wird auch durch staatliche Politik ausdrücklich gefördert. »Den Standort Deutschland zukunftsfest machen« nennt das die Bundesregierung. Das hat Folgen.

Den über alle Grenzen hinweg miteinander konkurrierenden Unternehmen fällt es immer schwerer, stabile Gewinne zu erzielen. Sie leiden unter der weltweiten Wirtschaftskrise und haben sie doch selbst wesentlich mit verursacht: Im Bemühen um möglichst günstige Produktionskosten haben sie oft riesige Überkapazitäten geschaffen, so dass der Markt keine Auslastung erlaubt. Gleichzeitig wurden Menschen entlassen und durch Maschinen ersetzt, um so Kostenvorteile aus Rationalisierungsvorsprüngen zu erzielen, was zur Folge hat, dass die Kaufkraft fehlt.

Staatliche Politik beschränkt sich unter dem neoliberalen Dogma darauf, die Kostensenkungsstrategien der Unternehmen zu unterstützen. Gegenüber den arm gemachten Ländern des globalen Südens wird das unter dem Diktat von Internationalem Währungsfonds und Weltbank seit langem als »Strukturanpassung« betrieben. Weltweit hat das zu immenser Verarmung geführt, Gewalt, Kriege und vielfache Migrationsbewegungen sind die Folge. Ebenso lange schon fordern diese Institutionen unisono mit OECD und der EU-Kommission Gleiches in den Industrieländern. In ihrer Strategie von Lissabon hat sich die Europäische

Union auf eine umfassende Politik des Sozialabbaus verpflichtet.

Oberstes Ziel ist die finanzielle Entlastung der Unternehmen. Schon mit eigenen Strategien der Steuerhinterziehung und Abwanderung in Steuerparadiese hatten diese sich erfolgreich um Teile ihrer Verantwortung für das Gemeinwesen gedrückt. Nunmehr hat die Steuerreform manchen Multi in Deutschland völlig von Abgaben befreit. Damit geraten als Nächstes die Sozialsysteme unter Beschuss: Diese werden hierzulande bekanntlich aus den Arbeitseinkommen finanziert, die wiederum aus Sicht der Unternehmen Kosten sind.

Schon mit der Riester-Reform wurde eine Teilprivatisierung der Rente eingeführt. Wenn die Menschen die Rentenversicherungsprodukte wie vorgesehen kaufen würden, würden jährlich 35 Milliarden Euro auf die Finanzmärkte gebracht. Eine solche Summe würde das ohnehin vorhandene Problem der zu geringen sicheren Anlagemöglichkeiten bei zu viel Anlage-suchendem Kapital erheblich verschärfen. Statt gegenzusteuern und die Märkte neu zu regulieren, folgt die Politik der Maxime des Süchtigen: Wenn das Mittel nicht mehr wirkt, muss die Dosis erhöht werden. Regierung und Opposition überbieten sich in Vorschlägen für radikalere Privatisierungen: Die Pflegeversicherung soll ganz durch privat anzusparendes Kapital finanziert werden, weitere Teile der Altersversorgung ebenfalls (oder auch die ganze, je nach Autor), und aus der gesetzlichen Krankenversicherung werden Teile ausgeklammert.

Für die Unternehmen geht es hier keineswegs nur um Kostensenkungen durch Reduzierung der so genannten Lohnnebenkosten. Vielmehr werden allein in der Altersversorgung jährlich fast 250 Milliarden Euro umgesetzt. Diese sind bisher durch das Umlageverfahren – was die Beschäftigten einzahlen, wird sofort an die RentnerInnen weitergegeben – vor privatem Zugriff geschützt und werfen somit keine Profite für die Finanzwirtschaft ab. Im Gesundheitswesen geht es um ähnliche Summen. Bei solchen Zahlen können die finanzschwachen Versicherungen schon gierig werden, auch wenn klar ist, dass ein System insgesamt nicht billiger wird, wenn zusätzlich private Gewinne entnommen werden. Das geht nur auf Kosten höherer Einzahlungen oder niedrigerer Leistungen.

Für die Beschäftigten bedeutet all das ohnehin reale Einkommensverluste, wenn sie auf die entfallenden Leistungen nicht verzichten wollen oder können. Damit stehen die dafür nötigen Summen nicht mehr für den weiteren privaten Konsum zur Verfügung. Gleichzeitig werden verschiedene Maßnahmen zur unmittelbaren Einkommenssenkung für große Bevölkerungsgruppen durchgesetzt. Hervorzuheben sind die Kürzung des Bezugs von Arbeitslosengeld auf nur noch zwölf Monate (bzw. achtzehn bei über 55-Jährigen) und die Verwandlung von Arbeitslosenhilfe in ein neues »Arbeitslosengeld 2« auf dem Niveau der Sozialhilfe. Deren geplante Kürzung dürfte ebenfalls bald verwirklicht werden. Damit sinken die unteren Einkommen so stark, dass sowohl rechtlich wie tatsächlich Raum entsteht, auch die regulären Arbeitseinkommen zuerst im unteren Bereich und dann nach und nach flächendeckend zu senken.

All diese Maßnahmen werden die Krise nicht beilegen. Die zusätzlich aus den Sozialsystemen entnommen privatisierten Gelder werden auf den internationalen Anlagemärkten die wirtschaftlichen Probleme gerade in der Dritten Welt vergrößern. Die »Ausgliederung« von immer mehr Menschen aus dem Produktionsprozess senkt zwar die

Kostenbelastung des Einzelunternehmens, schließt aber gesamtwirtschaftlich gesehen genau diejenigen aus, die den gesellschaftlichen Reichtum erst schaffen.

Und dieser Reichtum ist heute nicht nur in unserer Gesellschaft, sondern auch weltweit so groß wie noch nie in der Geschichte. Alle Menschen haben ein Recht daran teilzuhaben. Das muss sich niemand verdienen, das ist Teil des Menschseins. Auch wenn es nicht einfach ist, aus einer zutiefst ungerechten Gesellschaft, einer Weltordnung, die ausschließlich zum Wohle der Wohlhabenden funktioniert, zu einer anderen Welt zu kommen, ist Attac überzeugt: Es ist genug für alle da! Und wir können und müssen anfangen, daraus praktische Konsequenzen zu ziehen.

Attac will eine Gesellschaft des solidarischen Ausgleichs zwischen Starken und Schwachen, Jungen und Alten, Gesunden und Kranken.

Wir wollen Sozialsysteme, die allen die notwendigen Hilfen zur Daseinsvorsorge gewährleisten und alle Einkommen entsprechend ihrer Leistungsfähigkeit zur Finanzierung heranziehen, auch und gerade die Unternehmensgewinne.

Wir wollen eine Welt der globalen Umverteilung zwischen Gewinnern und Verlierern der Globalisierung, mit Schuldenstreichung und Rahmenbedingungen, die den arm gemachten Ländern den Aufbau einer eigenen Zukunft erlauben.

Werner Rätz

3 Steueroasen

Die Globalisierung der Finanzmärkte hat dazu geführt, dass riesige Kapitalmengen ohne jegliche Kontrollen rund um den Globus transferiert werden können. Dieser freie Kapitalverkehr ermöglicht Konzernen und vermögenden Privatpersonen Steuerflucht in bisher ungekanntem Ausmaß. Konzerne verlagern einfach ihre Gewinne über Briefkastenfirmen und komplizierte Rechtskonstruktionen in Steueroasen des Auslandes und umgehen so die Besteuerung ihrer Gewinne. Privatpersonen mit erheblichem Vermögen verschieben ihr Kapital ins Ausland; die Zinsen, Dividenden und Spekulationsgewinne werden dann meist bei der Steuererklärung verschwiegen und die fälligen Steuern so hinterzogen. Umgekehrt können ausländische Firmen und Privatpersonen Deutschland als Steueroase nutzen. Organisiert wird die Steuerflucht von Banken, RechtsanwältInnen und SteuerberaterInnen. All das ist nicht neu, aber nimmt im Zuge der Globalisierung verhängnisvolle Ausmaße an. Nach Schätzungen der Deutschen Steuergewerkschaft gehen alleine in Deutschland durch die Hinterziehung von Steuern auf Zinsgewinne jährlich 10 Mrd. € verloren.

Attac hält diese Entwicklung für sozial ungerecht und höchst gefährlich. Zum einen gehen dem Staat wichtige Steuereinnahmen verloren, die dann bei der Finanzierung von Bildung, sozialen Dienstleistungen und ökologischen Maßnahmen fehlen. Zum anderen versuchen die Staaten, sich durch immer niedrigere Steuersätze auf Unternehmensgewinne und Kapitaleinkünfte gegenseitig Steuereinnahmen abzujagen. Besonders die großen Konzerne können

Steueroasen geschickt nutzen. Dieser ruinöse Steuersenkungswettlauf muss unbedingt gestoppt werden.

Folglich sinkt in nahezu allen Staaten die Steuerbelastung auf Kapital beständig. Die fehlenden Steuereinnahmen holt sich der Staat über Steuern auf Arbeitseinkommen und auf Konsum »zurück«. Beides belastet einkommensschwache Personen, in Relation gesehen, am stärksten, so dass die Steuerflucht erheblich zu einer massiven Umverteilung von unten nach oben beigetragen hat. Mit der unfairen Belastung der Arbeitseinkommen gerät unser gesamtes Steuersystem in eine politische Krise. Statt Kapitaleinkommen fair zu besteuern, wird der Ruf nach allgemeinen Steuersenkungen immer lauter. Mit niedrigeren Steuereinnahmen kann der Staat jedoch immer weniger bereitstellen, was die Marktwirtschaft alleine nicht leisten kann: Soziale Gerechtigkeit, öffentliche Dienstleistungen, die allen offen stehen, Umweltschutzmaßnahmen oder ein funktionierendes Bildungssystem für alle. Der Sozialabbau der letzten Jahre ist ein Vorgeschmack darauf, was passieren wird, wenn es nicht gelingt, Kapital wieder fair zu besteuern.

Aber nicht nur Industrieländer wie Deutschland werden durch Steueroasen geschädigt. Für Entwicklungsländer ist alles noch viel schlimmer. Eine vernünftige Besteuerung von Kapitaleinkommen ist in den meisten Entwicklungsländern längst unmöglich. Die Unternehmenssteuern, die die großen Konzerne auch dort zahlen müssen, sind in den letzten 20 Jahren dramatisch gesunken. Die kleine Gruppe der Wohlhabenden schafft ihr Kapital im großen Stil in die Steueroasen, statt es für die wirtschaftliche Entwicklung ihrer Länder einzusetzen.

Steuerflucht und Steueroasen sind eine riesige Bedrohung für die verbliebenen sozialstaatlichen Errungenschaften und

Entwicklungsländer gleichermaßen! Es wird Zeit, Steueroasen weltweit trockenzulegen und Kapital international fair zu besteuern.

Die Forderungen der Attac-Kampagne »Stopp Steuerflucht«

Kapitaleinkommen sollen mindestens genauso hoch und progressiv besteuert werden wie Arbeitseinkommen! Dazu sind politische Maßnahmen in Deutschland und auf internationaler Ebene notwendig:

- Die Abschaffung aller deutschen Steuerpraktiken, die ausländisches Kapital bevorzugen. Zinsen und Dividenden von SteuerausländerInnen sind angemessen zu besteuern. Die deutschen Unternehmenssteuern dürfen nicht weiter gesenkt werden. Sie gehören bereits zu den niedrigsten innerhalb aller Industriestaaten.
- Banken und Konzerne müssen ihre Nutzung von Steueroasen einstellen. Insbesondere die deutschen Großbanken haben die großangelegte Organisierung der Steuerflucht zu beenden.
- Einführung einer international einheitlichen Konzernbesteuerung gegen ruinösen Steuersenkungswettlauf.
- Die europäische Harmonisierung der Unternehmenssteuern.
- Die rasche und konsequente Umsetzung der europäischen Beschlüsse zur Besteuerung von Zins- und Dividendeneinnahmen. Die Beschlüsse sind auf alle Investmentfonds und Spekulationsgewinne auszudehnen.

Sven Giegold

4 Privatisierung – der Ausverkauf des Gemeinwesens

1999 beschloss das Berliner Abgeordnetenhaus, 49,9 % der Berliner Wasserbetriebe an ein Konsortium aus RWE, Vivendi und Allianz zu verkaufen, um damit Geld in die Stadtkasse zu bringen, die Arbeitsplätze sicherer zu machen und die Preise durch Effizienzsteigerungen zu senken. Mittlerweile wurden die Wasserpreise um 15 % erhöht und 1000 Stellen gestrichen, weitere 1000 sind bedroht. Der immer noch unter Verschluss gehaltene Vertrag zwischen Stadt und Konsortium sichert den Privaten Gewinne zu, die nun von der Stadt aufgebracht werden müssen: Vermutlich stünde Berlin langfristig finanziell besser da, wenn es einen marktüblichen Kredit aufgenommen hätte, anstatt das »Tafelsilber« zu verscherbeln. Solche Privatisierungsfälle häufen sich in den letzten Jahren immer mehr und betreffen immer sensiblere Bereiche.

Was bedeutet Privatisierung?

Wenn eine Aufgabe, die ursprünglich und meist aus gutem Grund von öffentlichen Stellen erfüllt wurde, an private Unternehmen vergeben wird, nennt man das selbstredend Privatisierung. Dabei kann es sich um den (Teil-)Verkauf eines öffentlichen Betriebes handeln, aber z. B. auch um die Beauftragung einer privaten Firma zur Reinigung der Schulen, bei Planungsverfahren und Qualitätskontrollen. Auch die schrittweise Ersetzung der solidarischen öffentlichen Sozialsysteme wie Krankenkassen, Renten- und Arbeitslosenversicherung (Stichwort: Riester-Rente) ist eine Form der Privatisierung.

Sachzwang Privatisierung?

In der vorherrschenden neoliberalen Wirtschaftspolitik wird Privatisierung als die Lösung zur Beseitigung von Ineffizienz, Bürokratie, Filz und einer staatlich verordneten Einheitslösung propagiert. Wettbewerb privater Unternehmen im freien Markt führe zur effizientesten Lösung, zu besserer Qualität und größerer Wahlfreiheit. Der Staat wird als Gegenspieler zum Markt begriffen, der sich aus der Wirtschaft herauszuhalten habe und die Märkte liberalisieren und deregulieren müsse. Diese Politik wird seit den 80er Jahren von Regierungen und internationalen Organisationen auf allen Ebenen betrieben. Marktöffnungen und in deren Folge auch Privatisierungen werden von der EU-Kommission und der Welthandelsorganisation (WTO) vorangetrieben. Internationaler Währungsfond (IWF) und Weltbank zwingen Entwicklungsländern bei der Kreditvergabe mit ihren so genannten Strukturanpassungsprogrammen eine umfassende Privatisierungspolitik auf. Betont wird dabei immer wieder die Alternativlosigkeit in der globalisierten Welt. Doch die angeblichen Zwänge zur Privatisierung wie liberalisierte Kapital-, Waren- und Dienstleistungsmärkte und die damit verbundene Standortkonkurrenz wurden politisch selbst geschaffen – und könnten daher auch wieder zurückgenommen werden, wenn der politische Wille da wäre.

Ohne Frage gibt es Probleme bei der Steuerung der Wirtschaft und bei der wirtschaftlichen Betätigung durch den

Staat. Doch die Ergebnisse bisheriger Privatisierungen zeigen, dass die Theorie nicht hält, was sie verspricht: Große Konzerne suchen sich die Filetstücke der öffentlichen Unternehmen und Aufgaben aus, um damit weitere Bereiche für ihre Gewinnabsichten zu erschließen. Daher werden in der Regel auch nur ohnehin rentable Bereiche privatisiert, der (defizitäre) Rest bleibt in öffentlicher Hand. Abgegeben wird also das Tafelsilber – oft aufgrund von Korruption und Filz zu Spottpreisen und Sonderkonditionen wie Gewinngarantien, für die der Staat auch nach der Privatisierung noch geradestehen muss. Die einmaligen Einnahmen aus Privatisierungen helfen also nur kurzfristig – mittelfristig wird die Pleite des Staates weiter vorangetrieben.

»Profit over People«

Konzerne haben kein primäres Interesse an niedrigen Preisen und einer hohen Qualität geschweige denn an einer solidarischen Grundversorgung. Auch einen funktionierenden Wettbewerb versuchen sie durch Fusionen, Kartelle und Korruption zu verhindern. Kosteneffizienz erreichen sie in erster Linie durch Entlassungen, niedrige Löhne, Sparmaßnahmen bei der Qualitätssicherung und Verzicht auf unrentable, aber gesellschaftlich erwünschte Leistungen wie allgemeiner Zugang oder Umweltschutz. Gesamtgesellschaftlich entstehen dadurch erhebliche Mehrkosten. Am Ende dieser Entwicklung stehen privatwirtschaftliche Systeme, in denen der Rechtsanspruch durch »Eigenverantwortlichkeit« und einen Kaufvertrag ersetzt wird: Die Qualität von beispielsweise Gesundheitsleistungen oder Bildung wird zu einer Frage des Einkommens. Arme werden aus der

Grundversorgung herausgedrängt und die für viele nicht mehr bezahlbaren Leistungen werden auf Familie und Haushalt abgewälzt, wodurch Frauen doppelt belastet werden. In einigen Entwicklungs- und Schwellenländern sind soziale Spaltung und Armut aufgrund von Privatisierungen schon stark angestiegen. Seit einigen Jahren erfasst die Privatisierungspolitik aber auch in Deutschland immer sensiblere Bereiche.

Im Kern sind die derzeit durchgeführten und propagierten Privatisierungen eine Enteignung des Gemeinwesens, eine Einschränkung der demokratischen Gestaltungsmöglichkeiten und eine Entsolidarisierung der Gesellschaft zugunsten von Gewinninteressen und Konzernen.

Kein Ausverkauf des Gemeinwesens!

Attac wendet sich gegen diesen Ausverkauf des Gemeinwesens und gegen eine Kommerzialisierung, die nach und nach in immer mehr Lebensbereiche vordringt. Attac will die Liberalisierungs- und Privatisierungspolitik von Bundesregierung, EU, WTO, IWF und Weltbank, die sich bis auf die kommunale Ebene auswirkt, als Ideologie enttarnen und über die weltwirtschaftlichen Hintergründe und katastrophalen Folgen in Nord und Süd aufklären. Anknüpfungspunkte dafür sind das internationale Dienstleistungsabkommen GATS, das im Jahr 2003 im Fokus von Attac stand, die vielen Privatisierungen vor Ort (Stadtwerke u. a.) und die Privatisierung sozialer Sicherungssysteme. Mit der besonderen Rolle der Frauen in diesem Prozess setzt sich das Frauennetz Attac auseinander. Erfolge gab es bereits mit der breiten Thematisierung des GATS und in vielen Kampagnen gegen konkrete Privatisierungsvorhaben und so genanntes Cross-Border-Leasing in den Gemeinden.

Attac kämpft für den Erhalt und Ausbau eines solidarischen Systems von sozialer Sicherung und kommunaler Daseinsvorsorge, das von den Betroffenen in einem demokratischen Prozess mitgestaltet werden kann. Es gibt Alternativen zum Privatisierungswahn! Eine andere Welt ist möglich!

Christina Deckwirth/Dominik Fette/Timm Zwickel

5 Die Umwelt in der Globalisierungsfalle

Warum Umweltschutz und Globalisierungskritik zusammengehören, ist schnell erklärt. Die derzeitige Weltwirtschaft befindet sich auf direktem Kollisionskurs mit der Umwelt. Spätestens die Gründung der Welthandelsorganisation (WTO) 1995 hat eine Entwicklung ausgelöst, in der das Ideal einer zukunftsfähigen Gesellschaft abgelöst worden ist durch das Primat grenzenloser wirtschaftlicher Freiheit. Die Folgen sind sozial und ökologisch gleichermaßen verheerend. Dabei leiden unter der Umweltzerstörung im Norden wie im Süden vor allem arme Menschen. Für sie, die in besonderem Maße auf natürliche Ressourcen angewiesen sind, ist Umweltschutz kein Luxusgut, sondern Lebensgrundlage.

Umwelt und Gerechtigkeit

Gerechtigkeit ist nur in dem Rahmen möglich, den die Erde zulässt. Jedem Weltbürger ein Auto zuzugestehen, nur weil dies in den USA oder in Deutschland üblich ist, klingt vermeintlich gerecht. Nur würde als Folge unweigerlich das Ökosystem zusammenbrechen. Gerechtigkeit ohne Ökologie kann es also nicht geben. Aber auch Ökologie ist ohne Gerechtigkeit nicht denkbar. Es kann nicht sein, dass die Ressourcen der Erde von nur zwanzig Prozent der Weltbevölkerung bis zum Rande ausgeschöpft werden, die restlichen 80 % aber kaum Zugang dazu haben. Eine zentrale Forderung muss daher sein, den Umweltverbrauch der 20 % zu verringern, ihn gerechtigkeitsfähig zu machen. Kurz: Vor allem der Norden muss abspecken.

In der Theorie sind sich dabei alle einig. Etwa darin, dass die Bedürfnisbefriedigung künftiger Generationen durch die Befriedigung der eigenen nicht gefährdet werden darf. Oder in der Verpflichtung, kommenden Generationen eine intakte Natur zu hinterlassen. Und schließlich dem Grundprinzip der internationalen Gerechtigkeit, dass jeder Mensch überall auf der Welt das gleiche Recht auf eine intakte Natur erheben und im Umkehrschluss auch das gleiche Recht geltend machen kann, Ressourcen in Anspruch zu nehmen – solange dadurch nicht die Umwelt insgesamt übernutzt wird.

Doch die Wirklichkeit sieht anders aus. Wenn in Zeiten der wirtschaftlichen Globalisierung über gerechte Entwicklung gesprochen wird, dann verbinden viele damit vor allem das Streben nach wirtschaftlichem Wachstum. Selbst in progressiven Kreisen wird Wachstum noch als unentbehrliche Grundlage für Entwicklung verstanden – Gerechtigkeit, sei sie sozial oder ökologisch, werde sich schon einstellen, sobald der allgemeine Wohlstand hoch genug sei. Dass jede geldliche Wertschöpfung zwangsläufig mit natürlicher Wertzerstörung einhergeht, ist zwar seit langem theoretisch bekannt. In der täglichen Debatte fällt diese Tatsache aber häufig unter den Tisch. Dabei werden die Umweltfolgen der ökonomischen Globalisierung in den letzten Jahren immer deutlicher. Einige Beispiele:

Die Deregulierung der Umweltpolitik

Der Abbau staatlicher Regulierungen droht die Erfolge im Umweltschutz zu konterkarieren und verhindert neue Umweltgesetze. Globalisierungsbefürworter fordern eine Deregulierung von Vorschriften, technischen Normen und sonstigen Bestimmungen, die ihnen hinderlich erscheinen, um offene Märkte zu schaffen. Zunehmend fallen auch Umweltstandards diesem Deregulierungswahn zum Opfer. Zwar gibt es noch kein ›race to the bottom‹, in dem die Staaten um die niedrigsten Umwelt- und Sozialstandards konkurrieren. In immer mehr Einzelfällen werden Umweltvorschriften aber wegen vermeintlicher Wettbewerbsnachteile zurückgenommen. So hat etwa US-Präsident Bush im August 2003 Umweltstandards für die Energieindustrie gesenkt, um Investitionen zu fördern. Ein anderes Beispiel ist das Beschleunigungsgesetz der Bundesrepublik Deutschland zur Förderung des »Aufbaus Ost«, das die Einspruchsmöglichkeiten gegen Straßenbauvorhaben eingeschränkt hat. Oder auch Sonderwirtschaftszonen wie die Maquiladoras in Mexiko, die u. a. mit niedrigen Umweltstandards um Investoren werben.

Mit den Kursen fallen die Bäume

Besonders fatale Auswirkungen auf die Umwelt haben die globalen Finanzmärkte. Finanzkrisen führen dazu, dass die betroffenen Länder ihre Naturschätze ausbeuten und exportieren, um die Verluste zu kompensieren. Häufig unterstützen die internationalen Finanzinstitutionen diese Politik oder fordern sie sogar. So verlangte etwa der Internationale

Währungsfonds (IWF) von Indonesien nach der Asienkrise 1997, dass der Staat seine Bodenrechte ändere. Ziel war es, ausländische Investoren ins Land zu holen, um die Wälder besser »nutzen« zu können. Ähnliche Wirkung haben auch die Strukturanpassungsprogramme von IWF und Weltbank, die in der Regel den Export von Ressourcen forcieren.

Umwelt und Konzerngiganten

Die großen Gewinner der wirtschaftlichen Globalisierung sind die multinationalen Konzerne. Unter ihrer – im wahrsten Sinne des Wortes – grenzenlosen Macht haben häufig die lokalen Gemeinschaften zu leiden, die den Konzernaktivitäten oft schutzlos ausgeliefert sind. So stoßen Unternehmen auf der Suche nach Profit immer weiter in Urwälder, entfernte Gebirge oder andere Randgebiete vor, um bei wachsender Ressourcenknappheit neue Rohstoffquellen zu finden. Werden diese erschlossen, so sind massive Eingriffe in die Natur und damit einhergehend der Verlust von Biodiversität die Folge: Das gilt für die Holzindustrie genauso wie für die großflächige Landwirtschaft, den kommerziellen Fischfang oder den Abbau von Mineralien. Betroffene vor Ort haben selten die Mittel, sich gegen solchen Raubbau zur Wehr zu setzen. Ihnen fehlt oft die Unterstützung der Zentralregierung, die von den Unternehmensaktivitäten profitiert, die nötige Öffentlichkeit, um effektiv Druck auszuüben, und der Zugang zum Rechtsweg.

Die Liste der Folgen, die die wirtschaftliche Globalisierung auf die Umwelt hat, lässt sich noch lange fortsetzen. Deshalb kann Umweltschutz heute nicht mehr ohne Globalisierungskritik gedacht werden. Genauso müssen Globalisierungskritikerinnen die ökologische Dimension betrachten. Denn Umwelt und Gerechtigkeit gehören untrennbar zusammen.

Marc Engelhardt/Markus Steigenberger

6 Globalisierung und Krieg: Zwei Seiten einer Medaille

Die Hoffnung, dass das Ende des Kalten Krieges der Beginn einer neuen Ära des Friedens sein könnte, währte nur kurz. Nicht nur die Bedrohung der Staaten in der so genannten Ersten und Zweiten Welt durch einen atomaren Overkill schien gebannt, auch die zahlreichen »Stellvertreterkriege« in der Dritten Welt könnten nun endlich ein Ende finden. Doch es gab nur einen kurzen Zeitraum, Anfang der 1990er Jahre, in dem tatsächlich eine Welle von Friedensschlüssen, wie etwa in Moçambique, stattfand. Seitdem hat die Anzahl der Kriege und Bürgerkriege wieder zugenommen, und die westlichen Staaten, allen voran die USA, aber auch viele europäische Staaten, haben eine Doktrin des globalen Interventionismus entwickelt, die die Welt in immer neue und unbegrenzte Kriege zu reißen droht. Die Auswirkungen dieser neuen Gewaltwelle auf globaler Ebene sind noch nicht vollständig absehbar. Immer deutlicher wird aber der Zusammenhang zwischen wirtschaftlicher Globalisierung und militärischer Gewaltausübung. Kriege werden zum Zwecke der Durchsetzung ökonomischer Interessen bewusst herbeigeführt, oder sie brechen aus als Folge sozialer Desintegration und wirtschaftlicher Destabilisierung, die mit der Durchsetzung ökonomischer Interessen gerade in ärmeren Ländern oft einhergeht. Zugespitzt könnte man formulieren: Der Imperativ der neoliberalen Globalisierung heißt Krieg.

Zunehmende Militarisierung ist für die reichen Länder nicht nur aus wirtschaftlichen Gründen opportun, sondern auch »nötig«, um den durch die Globalisierung geschaffenen Flüchtlingen den Zutritt zu den Wohlstandsinseln dieser Welt zu erschweren. Militärische und polizeiliche Grenzsicherung lassen sich oft nicht mehr voneinander trennen. Reiche Regionen werden so immer mehr zu Festungen, die sich gegen das Elend der Menschen vor ihren Toren abschotten. Die krasse ungleiche Verteilung von Wohlstand lässt sich offensichtlich nur mit brutaler Gewalt aufrechterhalten. Dieser Schutz von Verteilungsunterschieden wird auch innerstaatlich immer wichtiger. Der Schutz der einen Bürger vor den anderen funktioniert nicht ohne den weltweiten Abbau von Bürgerrechten.

Der Begriff »Globalisierung« beschreibt prinzipiell nur die Zunahme von weltweiten Interdependenzen, doch ist er in den letzten Jahren zum Schlagwort geworden für die globale Durchsetzung des neoliberalen Wirtschaftsprogramms. Neoliberale Globalisierung bedeutet konkret einen radikalen Umbau der Welt. Sprache verdeckt und verschleiert nicht nur hier die tatsächliche Dramatik. Das gilt ebenso für die Instrumente der Globalisierung: LIBERALISIERUNG der Kapital-, Waren- und Dienstleistungsströme ist oft gleichbedeutend mit der Durchsetzung des ökonomischen Faustrechts. PRIVATISIERUNG öffentlicher Bereiche bedeutet faktisch die Abschaffung von Versorgungssicherheit bei Wasser, Bildung, öffentlichen Verkehrsmitteln etc., da diese oft ursprünglich öffentlichen Aufgaben nun zu Waren gemacht werden, deren Anbieter nicht an der Versorgung der Bevölkerung, sondern an Gewinnmaximierung orientiert sind. DEREGULIERUNG führt meist zur Entrechtung ökonomisch Schwacher und zur Flexibilisierung von Arbeits- und Sozialgesetzgebung, um effektiver ausbeuten zu können.

Gerade diese Maßnahmen aber machen neoliberale Globalisierung so gefährlich. Sie erzeugen ökonomisches und gesellschaftliches Ungleichgewicht und produzieren in der Konsequenz Verlierer: einzelne Personen, Bevölkerungsgruppen, aber auch ganze Staaten. Diese sozioökonomischen Veränderungen zerstören Existenzen und Leben, auch ohne offene Gewaltanwendung. Doch häufig genug führt wirtschaftliche Destabilisierung und soziale Desintegration nahezu zwangsläufig zu Kriegen und Bürgerkriegen. Dieser Mechanismus wurde in einer aktuellen Studie der Weltbank eindrucksvoll belegt. (Siehe: World Bank: Breaking the Conflict Trap: Civil War and Development Policy, Oxford 2003.) Dazu kommen zwei gefährliche Muster: Wenn die regionale Destabilisierung kontraproduktiv wird für die Durchsetzung neoliberaler Strategien (z. B. Somalia) oder wenn sich Staaten, die aufgrund ihres Rohstoffreichtums oder ihrer geostrategischen Lage interessant sind, gegenüber Ansprüchen westlicher Staaten nicht ausreichend kooperativ zeigen (z. B. Afghanistan, Irak), dann ist dies häufig der Startschuss für internationale militärische Interventionen. De facto sind dies neokoloniale Staatenkriege mit einem zentralen Charakteristikum: Es handelt sich jeweils um extrem asymmetrische Kräfteverhältnisse.

Neoliberale Globalisierung führt zu einer exorbitanten Konzentration von Kapital und Macht. Neben den Staaten gewinnen auch Konzerne an Macht und Einfluss, wobei (National-) Staaten nach wie vor die zentralen Akteure sind. Das hochmobile Finanzkapital hat faktisch die Funktion eines zweiten Parlaments mit Vetorecht. Aufschlussreich ist in diesem Kontext die Tatsache, dass Börsenberichte in Nachrichtensendungen sehr viel Sendezeit in Anspruch nehmen – was laut Umfragen in keinem Verhältnis zum Interesse der Bevölkerung steht. Die Reaktionen der Börse auf Kriegsverlauf und -vorbereitungen sind oft ausschlaggebender für politische Entscheidungen als die öffentliche Meinung. Bezeichnenderweise gibt es aber nach wie vor Bereiche, vor allem in den reichen Staaten, in denen staatliche Steuerung und staatliche Protektion auch gegen allen »Globalisierungsdruck« aufrechterhalten wird. Das sind vor allem die Bereiche des Militärs und der inneren Sicherheit. Mit innerer Sicherheit ist allerdings selten die Sicherheit aller BürgerInnen gemeint, sondern die Sicherheit vitaler staatlicher und ökonomischer Funktionen.

»Human Security« gibt es auch in westlichen Staaten häufig nur für den zahlungskräftigen Teil der Bevölkerung. So werden z. B. in den USA wesentlich mehr Gelder für private »Sicherheitskräfte« ausgegeben als für die Polizei (doch selbst der Schutz der Polizei ist ein zweifelhafter). Der gesamte so genannte Sicherheitsbereich (Ausnahme: Gefängnisse) gilt für den neoliberalen Welthandel in dem Bereich »Ausübung hoheitlicher Gewalt« und wird als nicht-marktrelevant betrachtet. Entsprechend sind Militär und Rüstung im Rahmen des GATS-Reglements vor Öffnungszwängen und Unwägbarkeiten des internationalen Freihandels geschützt. Es bleibt die Frage, warum die Grundversorgung von Menschen mit Gesundheit, Bildung oder Wasser nicht für ebenso schützenswert gehalten wird.

Eskalierende Ungleichheit und die Weltkarte der ökonomischen Gewalt

Besonders die Lage in den ärmsten Ländern der Welt hat sich in den letzten Jahren deutlich zugespitzt. Während die

Investitionen in Entwicklungsländer in den letzten 25 Jahren stagnierten, nahm der Geldabfluss aus dem armen Süden in den reichen Norden um das Zwölffache zu. Von Globalisierung und Freihandel profitierten nicht die, die es eigentlich nötig hätten. Man kann hier von einer »einseitigen Entfesselung« reden. Während die Entwicklungs- und Schwellenländer gezwungen wurden, sich für westliche Kapitalströme zu öffnen, verschlechterten sich die Bedingungen des Außenhandels (»Terms of Trade«) für viele arme Länder drastisch. So werden die Preise für Rohstoffe aus der so genannten Dritten Welt durch Käuferkartelle niedrig gehalten, das heißt, Gewinne sind so für die Verkäufer der Rohstoffe nur in geringem Umfang zu erzielen. Gleichzeitig schotten die hoch industrialisierten Länder (USA, Europa, Japan) die eigene Produktion nach außen ab, um in ihren eigenen Ländern wirtschaftliche und soziale Verwerfungen möglichst gering zu halten. Diese kontinuierliche Verschlechterung der »Terms of Trade« ist wohl eine zentrale Ursache für die Armut oder die verhinderte Entwicklung in vielen Ländern der Dritten Welt.

Die fatalen Auswirkungen der völligen Öffnung eines Landes gegenüber dem (eben nicht absolut offenen) Weltmarkt zeigt sich z. B. in Argentinien. Dieses potenziell reiche Land ist bankrott, weil seine Schulden viermal höher sind als seine Exporterlöse (zu von außen diktierten Preisen). Solche »Terms of Trade« bedeuten für die mächtigen Konzerne und Staaten die Möglichkeit, bei minimalen Kosten und maximalen Gewinnspannen ihre Position ständig verbessern (oder wenigstens behaupten) zu können, während die Position der ökonomisch Schwächeren unter diesen Bedingungen strukturell kaum verbesserbar ist. Neoliberale Globalisierung ist sehr weit entfernt von der immer wieder beschworenen globalen Integration in einen Wirtschaftsraum mit gleichen Chancen für alle.

Im Kalten Krieg war es für viele Regime nützlich, sich auf eine Seite zu schlagen, die Länder wurden minimal stabilisiert und erhielten ein gewisses Maß an ökonomischer Hilfe. Seit dem Ende des Kalten Krieges sinkt aber selbst der minimale Anteil von Entwicklungshilfe. Verteilungskämpfe um das, was in den marginalisierten Ländern übrig bleibt, werden von der westlichen Öffentlichkeit häufig irrationalisiert und als ethnische oder religiöse Bürgerkriege wahrgenommen. Weltweit stehen sich heute mit völlig asymmetrischen Marktpositionen drei wirtschaftliche Systeme gegenüber. Exterritoriale Konzerne, die sich staatlicher Steuerung weitgehend entzogen haben, existieren neben lokalen bzw. nationalen Unternehmen und »Kleinkonzernen«, die teilweise abhängig sind von Großkonzernen bzw. die versuchen, durch Fusionierungen eine Konkurrenz zu diesen zu bilden. Auch diese »Kleinkonzerne« sind bestrebt, sich staatlicher Kontrolle zu entziehen, sind aber gleichzeitig auf staatliche Unterstützung bei der Kontrolle von Standortbedingungen und beim Schutz gegen Konkurrenz angewiesen. Daneben existieren lokale Kleinunternehmen, Gewerbe, Handwerk, Bauern, die fast überall weitgehend von der globalen Wirtschaft abgekoppelt sind. Sie leiden unter Dumpingpreisen – in Industrieländern wie in Ländern der Dritten Welt. In den westlichen Industrieländern wird diese Entwicklung zum Teil über Subventionen und Einfuhrkontrollen abgefedert.

Durch diese ökonomischen Entwicklungen entsteht eine neue Weltkarte: Inseln des Wohlstands sind umgeben von nützlichen Produktionszonen (Manufakturgebiete in Lateinamerika oder Hightechstandorte in Indien); daneben breiten sich immer mehr weiße Flecken aus, bei denen sich noch nicht einmal die Ausbeutung lohnt und die medial so gut wie nicht existieren. Diese neue Weltkarte birgt erheblichen politischen Sprengstoff in sich. Die Hoffnung auf Wohlstand durch einen siegreichen Kapitalismus ist für viele Regionen zerbrochen. Die bereits erwähnte Weltbankstudie geht davon aus, dass für die 1,1 Milliarden Menschen in 52 »marginalisierten« Entwicklungsländern das Risiko für den Ausbruch von Bürgerkriegen zehnmal höher ist als in Entwicklungsländern mit günstigeren Wirtschaftsdaten. Das unterschiedliche Risiko ist dabei auf verschiedene Faktoren wie Bevölkerungsgröße oder Abhängigkeit vom Export von Rohstoffen zurückzuführen. Das niedrige Einkommen der Bevölkerung ist jedoch der bei weitem größte Risikofaktor für eine kriegerische Eskalation (siehe die besagte Studie). Doch auch bei den Menschen in »erfolgreicheren« Entwicklungsländern hat sich Enttäuschung und Ernüchterung bezüglich der versprochenen Verbesserung ihrer Lebenslage eingestellt. Häufig profitieren auch in diesen Ländern nur kleine Schichten der Bevölkerung vom »Fortschritt« einer liberalisierten Marktwirtschaft.

Große Einkommensunterschiede (global und innerstaatlich) produzieren reales Elend und diese Unterschiede vergrößern sich rasant. Eine Milliarde Menschen lebt von weniger als einem Dollar pro Tag und damit unter dem absoluten Existenzminimum. 800 Millionen Menschen leiden chronisch an Hunger, und jeden Tag sterben nach Angaben der FAO (Food and Agriculture Organization of the UN: The State of Food Insecurity in the World, 2002) ca. 25 000 Menschen an Unterernährung und an den unmittelbaren Folgen. Die schlechte Versorgung vieler Menschen in Entwicklungsländern spitzt sich weiter zu. Besonders die 90er Jahre des letzten Jahrhunderts führten für eine Reihe von Ländern zu deutlichen Rückschritten. Heute geht es im Vergleich zu 1990 mehr als 50 Staaten schlechter, und in 21 Ländern leiden prozentual mehr Menschen an Hunger. Doch nicht nur in den ärmsten Ländern verschärft sich die Situation der Menschen. In den letzten zehn Jahren konnte auch in den reichen Ländern eine Zunahme der Ungleichheit beobachtet werden. Ein Drittel der US-Amerikaner und 20 Prozent der EU-Europäer leben heute von weniger Geld als vor zehn Jahren.

Gegen diese neuen Formen von Ungleichheit regt sich weltweit Widerstand. Dieser Widerstand ist meist gewaltfrei und gesellschaftlich integriert, er wird aber häufig politisch und oft auch durch staatliche Gewalt unterdrückt. Träger dieses Widerstands sind nicht die Ärmsten der Armen, sondern bürgerliche Gruppen, deren (politische oder materielle) Hoffnungen enttäuscht wurden. Einzelne Gruppen reagieren auf staatliche Gewalt oder auf erlebte Ungerechtigkeiten ihrerseits mit Gewalt. Während sich die Gewalt bei den Ärmsten der Armen häufig gegen die Nachbarn im eigenen Land richtet, scheint das Potenzial für den so genannten internationalen Terrorismus vor allem in den Ländern an der »Schwelle zum Wohlstand« zu liegen. Wobei hier deutlich darauf hingewiesen werden muss, dass die reale Gefahr des internationalen Terrorismus völlig unverhältnismäßig überzeichnet wird. Die Angst wird von vielen Staaten für ihre Interessen instrumentalisiert und die Form der »Bekämpfung des Terrorismus« durch Krieg ist das denkbar ungeeignetste Mittel zum Schutz vor Terrorismus. Der »Krieg gegen den Terror« kann nur eines wirklich effektiv: Er legt den Grundstein für neuen Terror.

Die wesentlichen Fragen werden in der Regel ausgeblendet, nämlich die nach der immanenten Gewalt eines Wirtschaftssystems, das Gewinner und Verlierer produziert, das mit Wohlstandsversprechungen lockt und Enttäuschungen produziert.

Tobias Pflüger

Teil III

»Die Märkte entwaffnen«
Ausgewählte Grundlagentexte

1 Die Initialzündung

Der folgende Text erschien im Dezember 1997 in der französischen Zeitung »Le monde diplomatique«. Er erfuhr überaus große Resonanz und führte nur wenige Monate später zur Gründung der weltweit ersten Attac-Gruppe.

Die Märkte entwaffnen

Von IGNACIO RAMONET

Der Taifun über den Börsen Asiens bedroht den Rest der Welt. Die Globalisierung des Finanzkapitals ist dabei, die Menschen rundum zu verunsichern. Sie umgeht und erniedrigt die Nationen und Staaten. Dabei sind sie die rechtmäßigen Orte für die Ausübung der Demokratie und die Garanten des Gemeinwohls. Zudem haben die Finanzmärkte sich längst einen eigenen Staat geschaffen, einen supranationalen Staat, der über eigene Apparate, eigene Beziehungsgeflechte und eigene Handlungsmöglichkeiten verfügt. Es handelt sich um das institutionelle Viereck aus dem Internationalen Währungsfonds (IWF), der Weltbank, der Organisation für Wirtschaftliche Zusammenarbeit und Entwicklung (OECD) und der Welthandelsorganisation (WTO). Unisono preisen diese Institutionen die »Tugenden des Markts« – und nahezu alle großen Medien stimmen ein.

Dieser Weltstaat ist ein Machtzentrum ohne Gesellschaft. An deren Stelle treten die Finanzmärkte und die Riesenkonzerne, die der Weltstaat repräsentiert. Die Folge ist, dass die real existierenden Gesellschaften machtlose Gesellschaften sind und die Lage sich stetig verschlimmert.

Als Nachfolgerin des GATT ist die WTO seit 1995 zu einer Organisation mit supranationalen Befugnissen geworden, die keiner parlamentarisch-demokratischen Kontrolle unterliegt. Sie kann verkünden, dass nationale Gesetze bezüglich Arbeitsrecht, Umweltschutz oder Gesundheitswesen »der Freiheit des Handels entgegenstehen« und deren Aufhebung fordern. Im Übrigen wird in der

OECD abseits der Öffentlichkeit seit Mai 1995 der äußerst wichtige multilaterale Investitionsvertrag (MAI) ausgehandelt, der 1998 zur Unterzeichnung ansteht. Er zielt darauf ab, den Investoren gegenüber den nationalen Regierungen eine Blankovollmacht zu erteilen.

Will man verhindern, dass sich die Welt im kommenden Jahrhundert in einen Dschungel verwandelt, in dem Raubtiergesetze gelten, so ist die Entwaffnung der Finanzmächte erste Bürgerpflicht.

Etwa 1500 Milliarden Dollar wandern täglich hin und her. Dabei wird auf Schwankungen der Wechselkurse spekuliert. Die Instabilität der Wechselkurse ist eine der Ursachen für den Anstieg der Realzinsen, die den privaten Konsum und die Investitionen der Unternehmen verringern. Die Instabilität verschärft die Defizite der Staatshaushalte. Die Pensionsfonds, die mit einigen hundert Milliarden Dollar arbeiten, drängen bei den Unternehmen auf immer höhere Dividenden. Die Lohnabhängigen sind die Hauptopfer dieser Jagd nach Profit, denn wenn sie massenhaft entlassen werden, schießen die Börsenkurse der früheren Arbeitgeber in die Höhe.

Können die Gesellschaften der Welt noch lange hinnehmen, was nicht hinnehmbar ist? Es wird höchste Zeit, den zerstörerischen Kapitalbewegungen Sand ins Getriebe zu streuen. Das ist auf dreierlei Weise möglich: über die Abschaffung der »Steuerparadiese«, über die höhere Besteuerung von Kapitaleinkünften und über eine allgemeine Besteuerung der Finanztransaktionen.

Steuerparadiese sind bekanntlich Gebiete, in denen das Bankgeheimnis dem einzigen Zweck dient, Unterschlagungen und andere mafiose Aktivitäten zu vertuschen.

Milliarden Dollar werden auf diese Weise der Besteuerung entzogen – im Interesse der Mächtigen und der Finanzunternehmen. Alle Großbanken der Welt haben Filialen in Steuerparadiesen und ziehen daraus großen Profit. Ließe sich nicht ein Finanzboykott von Gibraltar, den Kaimaninseln oder Liechtenstein durchsetzen, indem Banken, die mit öffentlichen Stellen zusammenarbeiten, untersagt wird, dort Filialen zu eröffnen?

Die Besteuerung der Finanzeinkünfte ist eine demokratische Minimalforderung. Finanzeinkünfte sollten genauso hoch besteuert werden wie Einkünfte aus Lohnarbeit, was freilich nirgends der Fall ist, schon gar nicht in der Europäischen Union.

Die völlig freie Kapitalzirkulation untergräbt die Demokratie. Deshalb müssen Abschreckungsmechanismen installiert werden. Einer davon ist die »Tobin-Steuer«, benannt nach dem amerikanischen Nobelpreisträger für Ökonomie James Tobin. Er hatte 1972 angeregt, in bescheidenem Umfang alle Transaktionen auf den Devisenmärkten zu besteuern, um diese zu stabilisieren und der Weltgemeinschaft gleichzeitig Einkünfte zu verschaffen.

Bei einem Satz von 0,1 Prozent würde die Tobin-Steuer jährliche Einkünfte von rund 166 Milliarden Dollar einbringen – das Doppelte der Summe, mit der bis zur Jahrtausendwende die extreme Armut in der Welt beseitigt werden könnte.

Zahlreiche Experten haben gezeigt, dass die Einführung dieser Steuer keinerlei technische Schwierigkeiten bereiten würde. Ihre Erhebung würde das liberale Credo all derer zerfetzen, die unentwegt predigen, es gebe zum aktuellen System keine Alternative.

Warum nicht eine weltweite regierungsunabhängige Organisation namens »Aktion für eine Tobin-Steuer als Bürgerhilfe« (Action pour une taxe Tobin d'aide aux citoyens – Attac) ins Leben rufen? Gemeinsam mit den Gewerkschaften und den zahlreichen Organisationen, die kulturelle, soziale oder ökologische Ziele verfolgen, könnte sie gegenüber den Regierungen als gigantische staatsbürgerliche »Pressure-group« auftreten, mit dem Ziel, endlich wirksam eine weltweite Solidaritätssteuer durchzusetzen.

Übersetzung: Marie-Dominique Vernhes

2 Die Tobin-Steuer

Geschichtlicher Hintergrund

Unter dem Eindruck der verheerenden Weltwirtschaftskrise von 1929 hat sich die internationale Staatengemeinschaft auf der Konferenz von Bretton Woods (1944) die Stabilisierung des Währungs- und Finanzsystems zum Ziel gesetzt. Zentrales Element der Nachkriegs-Finanzarchitektur war ein System fixer Wechselkurse, wodurch das Spekulieren gegen Währungen unmöglich war. Die Bretton-Woods-Ära war von dauerhafter Stabilität gekennzeichnet. Anfang der siebziger Jahre brach jedoch das Fixwechselkurssystem zusammen. In der Folge begannen die Wechselkurse frei zu schwanken, Währungsspekulation setzte ein, und das Volumen und die Geschwindigkeit der gehandelten Devisen nehmen seither rasant zu. Dadurch werden die Wechselkurse immer weniger von den Fundamentaldaten (Produktivität, Inflation, Handel) bestimmt und immer stärker vom Rudelverhalten der »Finanzinvestoren«.

Um die wachsende Volatilität der Wechselkurse zu verringern, schlug Wirtschaftsnobelpreisträger James Tobin bereits 1972 eine einprozentige Steuer auf alle Währungstausche (Devisentransaktionen) vor, um etwas »Sand ins Getriebe« zu streuen. Sein Kalkül: Da ein Großteil der (spekulativen, kurzfristigen) Devisengeschäfte eine Gewinnspanne von weniger als einem Prozent hat, würde das Transaktionsvolumen zurückgehen und die Wechselkurse würden sich stabilisieren.

Während Tobins Vorschlag bisher unverwirklicht blieb, ist das Volumen der Devisentransaktionen seit Anfang der siebziger Jahre geradezu explodiert, von 70 auf 1800 Milliarden Dollar pro Tag (BIZ 1999). Im Gegensatz dazu hat sich der Welthandel lediglich verzweieinhalbfacht – auf 25 Milliarden Dollar pro Tag. Direktinvestitionen schlagen mit weniger als 3 Milliarden Dollar pro Tag zu Buche. Die Schätzungen über das Transaktionsvolumen, das noch in direktem Zusammenhang mit realwirtschaftlichen Vorgängen steht, schwanken zwischen 1,5 und 5 Prozent. Das heißt, dass mindestens 95 % aller Devisentransaktionen einen vorwiegend spekulativen Charakter haben. Zudem werden die Transaktionen immer kurzfristiger. Laut Bank für Internationalen Zahlungsausgleich sind 80 % aller »Auslandsinvestitionen« auf den Finanzmärkten binnen acht Tagen wieder »daheim« (z. B. Euro – Dollar – Euro), 40 % sogar innerhalb von zwei Tagen. Es gibt »Day-Trader« (Tageshändler), die zehn Minuten als »langfristig« bezeichnen.

Mit anderen Worten, die Devisenmärkte sind nicht liquide, was gut wäre, um Handel und Investitionen zu finanzieren, sondern heillos überliquide, was ein wachsendes Stabilitätsrisiko darstellt. In den neunziger Jahren folgte bereits eine Finanzkrise auf die andere. Allein die Südostasienkrise hat 25 Millionen Menschen arbeitslos gemacht und in Armut gestürzt. Das zeigt, dass Finanzmarktgeschäfte keine Nullsummenspiele sind. Gewinne werden privatisiert, Verluste sozialisiert bzw. auf die Schwächsten der Gesellschaft abgewälzt. Besonders problematisch: Je stärker die Kurse schwanken, desto höher sind die Profitmöglichkeiten für »Finanzinvestoren«. Diese haben folglich ein essenzielles Interesse an Instabilität.

Durch den Trend zu immer kurzfristigeren und spekulativeren Währungstransaktionen hat aber nicht nur die Krisenanfälligkeit der Finanzmärkte zugenommen, sondern auch die Machtlosigkeit der Notenbanken, den Wechselkurs zu steuern. Einerseits, weil die Kursausschläge immer größer werden, und andererseits, weil die privaten Investoren schlicht mehr Geld verschieben, als allen Zentralbanken der Welt zur »Verteidigung« der Wechselkurse zur Verfügung steht. Hinzu kommt: Um den Wechselkurs stabil zu halten und ausländische Investoren anzulocken, müssen Notenbanken tendenziell die Zinssätze hinaufschrauben, was sich negativ auf die heimische Wirtschaft auswirkt, weil Kredite für Investitionen und Konsum teurer werden. Um den Privatinteressen der Finanzinvestoren also Genüge zu tun, müssen die Interessen der Allgemeinheit zurücktreten.

Dreifacher Trumpf

Die Tobin-Steuer würde auf drei Problemebenen gleichzeitig wirken: Zum einen wäre sie ein erster Schritt zur Stabilisierung der Finanzmärkte und zur Verhinderung weiterer Krisen und ihrer verheerenden sozialen Folgen. Zum anderen könnten die Einnahmen den bisherigen Verlierern der Globalisierung (und Hauptgeschädigten von Währungskrisen) zugute kommen. Aus diesem Grund und angesichts rückläufiger Entwicklungshilfe hat auch das Entwicklungsprogramm der Vereinten Nationen (UNDP) die Tobin-Steuer propagiert. Drittens würde die Tobin-Steuer ein Stück Handlungsspielraum für die nationalstaatliche Wirtschaftspolitik zurückerobern, vor allem die Fähigkeit der Zentralbanken, den Wechselkurs zu steuern. Außerdem würde sie den Zwang lindern, die Zinsen hoch zu halten, um Finanzinvestoren anzulocken. So fordert etwa das kanadische Parlament die Tobin-Steuer, »um ein bisschen der Souveränität zurückzugewinnen, die wir im Zuge der ökonomischen Globalisierung verloren haben«.

Steuerhöhe und Wirkungsweise: der »Filter«

Während Tobin in den siebziger Jahren noch ein Prozent Steuerhöhe vorschlug, pendeln die zur Diskussion stehenden Sätze mittlerweile zwischen 0,05 % und 0,5 %. Daran wird ersichtlich, wie gering die Gewinnspannen sind, mit denen die globalen Finanzinvestoren »arbeiten«. Die Tobin-Steuer würde wie ein Filter wirken: Sie hält das unerwünschte kurzfristige Kapital zurück, ist jedoch durchlässig für Handelsgeschäfte, langfristige Direktinvestitionen und Kredite.

▶ 1. Kurzfristige Kapitalflüsse werden empfindlich teurer

Je öfter die Währung gewechselt wird, desto höher die Wirksamkeit der Tobin-Steuer, weil sie – wie eine fixe Gebühr – bei jedem »Grenzübertritt« anfällt. Aufs Jahr gerechnet entspräche ein Steuersatz von 0,2 % bei einem Portfolio, das einmal täglich »verschoben« wird, einem Zins von 48 %. Bei einem wöchentlichen Währungswechsel wären es 10 %, und bei einem monatlichen Umtausch 2,4 % Jahreszins.

▶ 2. Der Handel wird kaum berührt

Handelsgeschäfte werden einmalig bezahlt und mit der Tobin-Steuer belegt: 0,2 % sind im Vergleich zur Umsatzsteuer (20 Prozent) ein Klacks. Theoretisch könnten Handelsgeschäfte sogar durch Abzug von der Importumsatzsteuer ausgenommen werden, dann wären sie gar nicht betroffen.

▶ 3. Langfristige Investitionen »spüren« noch weniger

Wird zum Beispiel in eine Produktionsstätte für Solarkocher mit einem Zeithorizont von zehn Jahren investiert, reduziert sich der Steuersatz auf 0,02 % pro Jahr, das schmerzt nun wirklich niemanden. Auch hier könnte man die Tobin-Steuer von den später zu zahlenden Gewinnsteuern noch abziehen.

Erwünschte Nebeneffekte

Die Volatilität der Wechselkurse würde ab- und die Stabilität der Finanzmärkte zunehmen. Die Absicherungskosten für Exporteure gegen Wechselkursschwankungen würden sinken, die Planungssicherheit zunehmen. Ein Teil der kurzfristigen Währungsgeschäfte würde unrentabel, dagegen würden langfristige Investitionen und Kredite begünstigt. Entwicklungsländer würden vierfach profitieren: 1. von der abnehmenden Häufigkeit und Schwere von Währungskrisen; 2. durch die höhere Berechenbarkeit des Schuldendienstes; 3. durch ein günstigeres, weil stabileres Klima für Direktinvestitionen und 4. durch die umverteilten Mittel für die Armutsbekämpfung. Der politische Handlungsspielraum von Nationalstaaten würde wieder zunehmen, die Zinsen könnten gesenkt und dadurch Wachstum und Beschäftigung stimuliert werden. Schließlich würde die Steuerbasis von Nationalstaaten verbessert bzw. gerechter verteilt.

Aufkommen und Verwendung

Die UNO rechnet damit, dass die Tobin-Steuer, je nach Steuersatz, zwischen 150 und 300 Milliarden Dollar Einnahmen bringen könnte. Zum Vergleich: Um die schlimmste Armut und die gravierendsten Umweltschäden zu beseitigen, sind laut UNO 225 Milliarden Dollar vonnöten – jährlich. Die gesamte Entwicklungshilfe der Industrienationen beläuft sich auf rund 50 Milliarden Dollar pro Jahr.

Bereits Tobin hatte angeregt, dass die von Haus aus internationalen Einkünfte auch international verwendet werden sollten. Um für Nationalstaaten einen Anreiz zu bieten, die Steuer einzuheben, könnten sie aber einen Teil der Steuereinnahmen behalten. Die UNO könnte schließlich die Gelder verteilen, zum Beispiel an das Entwicklungsprogramm (UNDP), das Umweltprogramm (UNEP) oder den Wirtschafts- und Sozialrat (ECOSOC).

Weitere Vorteile

Die Tobin-Steuer würde die Globalisierungsgewinner besteuern und wäre endlich eine Steuer »on Wall Street« und nicht – wie in letzter Zeit zunehmend – »on Main Street«. Kapital ist im Vergleich zu Löhnen unterbesteuert, weil mit der Einrichtung von Steueroasen (meist durch Industrieländer) ein Steuerwettlauf nach unten auf Kapitaleinkommen eingesetzt hat. Während in allen Industrieländern die Staatsfinanzierung zunehmend von den wirtschaftlich Schwachen getragen wird, ziehen sich die Globalisierungsgewinner aus der Gemeinwohlfinanzierung zurück. Die Tobin-Steuer würde diejenigen, die Instabilität verursachen, besteuern, während die, die die Folgen zu tragen haben, nicht belastet würden, weil sie üblicherweise keine Währungsgeschäfte abwickeln.

Weiters ist die Tobin-Steuer der überfällige Einstieg in die internationale Steuerpolitik. Während die Globalisierung des Geschäftemachens hurtig voranschreitet, hinkt die Globalisierung der dafür notwendigen Spielregeln hilflos hinterdrein. Weitere Kandidaten für eine globale Besteuerung sind Naturressourcen und Konzerngewinne.

Wer ist für die Tobin-Steuer?

Das Interesse der Entwicklungsländer, die bisher am schwersten von Währungskrisen und instabilen Finanzmärkten betroffen sind, steigt. Die Ministerpräsidenten von Indien, Malaysia und Brasilien, keine Leichtgewichte unter den Entwicklungsländern, fordern bereits die Besteuerung von Devisentransaktionen. Innerhalb der Industrieländer plädieren das kanadische Parlament und die finnische Regierung für die Einführung der Tobin-Steuer. Seit kurzem will sie auch der französische Ministerpräsident Lionel Jospin, und der deutsche Kanzler Gerhard Schröder hält sie zumindest für diskussionswürdig. Schon länger dafür sind der Deutsche Gewerkschaftsbund, der US-Gewerkschaftsdachverband AFL-CIO, Ökonomie-Nobelpreisträger Amartya Sen, der Weltkirchenrat, Mitglieder des Nobel-Komitees in Oslo und der Hedge-Fonds-Manager George Soros. Innerhalb der Zivilgesellschaft fordern sie vor allem das internationale Attac-Netzwerk, das mittlerweile in 30 Ländern aktiv ist, das kanadische Halifax-Bündnis, die Tobin Tax Initiative (USA) und die britische War on Want. Auf

Druck der Zivilgesellschaft hat die belgische Regierung die Tobin-Steuer erstmals auf die Agenda des Treffens der Finanz- und Wirtschaftsminister der EU (Ecofin) im September 2001 in Lüttich gesetzt.

... und wer dagegen?

Die Devisenhändler und ihre Kunden würden bei Einführung der Tobin-Steuer um Gewinnchancen in zweistelliger Dollarmilliardenhöhe umfallen. Das schmeckt ihnen natürlich gar nicht. Entsprechend ist beispielsweise der Europäische Bankenverband gegen die Einführung der Tobin-Steuer. Wichtigster Blockierer der Tobin-Steuer ist jedoch die Regierung der USA, weil sie prinzipiell gegen jede Form der internationalen Besteuerung ist und somit die Riege der Globalisierungsgegner anführt, was faire Spielregeln für die Wirtschaft betrifft. Die USA haben sogar ihre Beitragszahlungen an die UNO davon abhängig gemacht, dass diese kein weiteres Sterbenswörtchen über die Tobin-Steuer verliert. So kommt nicht nur der Vorschlag zur Besteuerung von Devisentransaktionen aus den USA, sondern auch der größte Widerstand dagegen.

Die häufigsten Gegenargumente (GA)

▶ GA1: Die Tobin-Steuer kann Währungskrisen wie in Südostasien nicht verhindern

»Gegen« die Tobin-Steuer wird gerne ins Treffen geführt, dass sie spekulative Attacken von Währungsspekulanten nicht verhindern könne, weil diese eine Abwertung um bis zu 50 % in sehr kurzer Zeit zum Ziel hätten. Erstens ist die Tobin-Steuer gar nicht dafür gedacht. Attac fordert eine neue globale Finanzarchitektur, in der die Tobin-Steuer nur ein (zentraler) Baustein ist. Spekulative Attacken können mit Kapitalverkehrskontrollen, wie sie Chile und Malaysia in den neunziger Jahren erfolgreich angewandt haben, abgewehrt werden. Auch das vorübergehende Aussetzen des Handels mit einer »attackierten« Währung oder die Schaffung eines globalen Interventionsfonds – der wiederum mit einem Teil der Einnahmen aus der Tobin-Steuer gespeist werden könnte – sind hilfreiche Instrumente gegen solche Großangriffe. In ähnlicher Weise könnten die Notenbanken der USA, der EU und Japans kooperieren und so die Wechselkurse zwischen den drei wichtigsten Währungen stabilisieren. Sehr wohl kann die Tobin-Steuer die Tastversuche im Vorfeld einer Krise absorbieren und somit manche Krisen im Frühstadium abwürgen. Was das Argument, die Tobin-Steuer könne keine Krisen verhindern, noch schwächer macht: Die von offizieller Seite (OECD, G7, BIZ) vorgeschlagenen Reformen wie eine strengere Bankenaufsicht oder mehr »Transparenz« sind noch viel weniger in der Lage, eine akut bevorstehende Krise abzuwenden.

▶ GA2: Die Tobin-Steuer ist technisch nicht machbar

Typisch: Sobald es darum geht, soziale Gerechtigkeit umzusetzen, geht der Glaube an die technische Machbarkeit verloren. Bereits heute werden alle Devisengeschäfte nicht nur registriert, sondern auch von den durchführenden Banken vergebührt, weil diese logischerweise daran verdienen wollen. Die Tobin-Steuer brauchte man nur auf die Gebühren »draufschlagen«, wofür eine kleine Änderung der Computerprogramme ausreichen würde. Der Trend, dass alle Währungstransaktionen zentral erfasst werden (Fedwire, Target, SWIFT, ...), macht die Besteuerung technisch noch einfacher.

▶ GA3: Die Händler würden die Steuer mit »innovativen« Produkten umgehen

Erstens gibt es das Phänomen der Steuerumgehung bei allen Steuern. Jedoch ist es noch nie als Argument gegen die jeweilige Steuer herangezogen worden. So hat z. B. noch niemand angesichts von Schwarzarbeit die Abschaffung der Lohnsteuer gefordert. Zweitens schlafen auch die Steuerbehörden nicht und finden ebenfalls die »Schleichwege«. Drittens sind Schleichwege immer teurer als die »Hauptgrenzübergänge« und daher unattraktiver. Damit wäre die Tobin-Steuer zumindest »Sand im Getriebe«.

▶ GA4: Solange nicht die ganze Welt mitmacht, funktioniert die Steuer nicht

Stolze 82 % des globalen Devisenhandels werden in nur 8 Staaten durchgeführt: Großbritannien, USA, Japan, Singapur, Deutschland, Frankreich, Schweiz und Hongkong. Diese Gruppe wäre völlig ausreichend für den Beginn. Auch ohne die USA würden in der verbleibenden 7-Länder-Gruppe noch ⅔ des weltweiten Devisenhandels erfasst werden. Steueroasen, welche die Tobin-Steuer boykottieren, ist mit einer »Maut« beizukommen: Verlagert eine Bank ihre Devisengeschäfte beispielsweise auf die Kaimaninseln, brauchte man nur Kapitalrückflüsse von dort dem mehrfachen Steuersatz der Tobin-Steuer zu unterwerfen, und die Auslagerung wäre deutlich unattraktiver. Die Schließung von Steueroasen ist ohnehin die zweite internationale Kernforderung von Attac.

Laut einer jüngsten Expertise des Bremer Ökonomen Jörg Huffschmid könnte die EU die Tobin-Steuer problemlos im Alleingang einführen, wenn nicht einfach Devisengeschäfte im Euroraum, sondern alle Geschäfte mit dem Euro besteuert würden. Wie Huffschmid einleuchtend darlegt, könnten fast alle Transaktionen weltweit, an denen der Euro beteiligt ist, besteuert werden – und das sind laut BIZ bei Eurobeginn am 1. Jänner 2002 50 % aller Devisentransaktionen, mit steigender Tendenz. Sobald die EU den Anfang gemacht hat, wird es für weitere Staaten einfacher, nachzuziehen: Kanada, Brasilien, Indien, Malaysia, ... Dadurch wird auch der Druck auf die restlichen Staaten größer und den BefürworterInnen innerhalb der USA wird der Rücken gestärkt.

Positionspapier von Attac Österreich, September 2001

3 Das Selbstverständnis von Attac
Zwischen Netzwerk, NGO und Bewegung – 8 Thesen

Mit dem Aufstieg von Attac zu einem wichtigen Akteur im Rahmen der globalisierungskritischen Bewegung sind auch sehr unterschiedliche Erwartungen an das Projekt verknüpft. Einige betrachten Attac als außerparlamentarische Sammlungsbewegung, andere wiederum bezeichnen Attac als NGO, manche gehen bis zu der Vorstellung, dass Attac zu den nächsten Bundestagswahlen antreten sollte, und in den Medien war die Rede vom »Dachverband der Globalisierungskritiker«. Was also ist eigentlich Attac? Was unterscheidet Attac von Parteien, Verbänden, NGOs und sozialen Bewegungen?

Mit den vorliegenden Thesen wollen wir zu einer Diskussion über das Selbstverständnis von Attac beitragen, die angesichts des raschen Wachstums für die weitere Entwicklung von grundlegender Bedeutung ist. Ein klarer Blick dafür, was Attac ausmacht, wo die Chancen und Grenzen des Projekts liegen, ist nützlich, damit es nicht zu falschen Erwartungen, zu Unterschätzung oder Überschatzung kommt – mit entsprechend negativen Konsequenzen.

1. Weltanschaulicher Pluralismus

Wer bei Attac mitmacht, kann christliche oder andere religiöse Motive haben, Atheist, Humanist, Marxist sein oder anderen Philosophien anhängen. Attac hat keine verbindliche theoretische, weltanschauliche, religiöse oder ideologische Basis und braucht eine solche nicht. Vielfalt ist seine Stärke.

Dies heißt allerdings nicht völlige Beliebigkeit. Für Rassismus, Antisemitismus, Fremdenfeindlichkeit, Chauvinismus und verwandte Ideologien gibt es keinen Platz.

Der Grundkonsens von Attac lautet:

- Attac lehnt die gegenwärtige Form der Globalisierung, die neoliberal dominiert und primär an den Gewinninteressen der Vermögenden und Konzerne orientiert ist, ab: Die Welt ist keine Ware.
- Attac wirft die Frage nach wirtschaftlicher Macht und gerechter Verteilung auf.
- Attac setzt sich für die Globalisierung von sozialer Gerechtigkeit, politischen, wirtschaftlichen und sozialen Menschenrechten, für Demokratie und umweltgerechtes Handeln ein.

In diesem Korridor emanzipatorischen Politikverständnisses haben unterschiedliche Vorstellungen über Wege und Instrumente, wie dieser Konsens in praktische Politik umgesetzt werden kann, Platz. Das reicht von jenen, die sich für einzelne Aspekte der Attac-Programmatik (z. B. Entschuldung der Entwicklungsländer oder Einführung der Tobin-Steuer) engagieren wollen, über jene, die für eine demokratische Regulierung und Zivilisierung der Globalisierung und einen radikalen Reformismus eintreten, bis hin zu jenen, die der Auffassung sind, dass das bestehende Wirtschaftssystem als solches in Frage zu stellen ist. Der Respekt dieses Pluralismus ist unabdingbare Geschäftsgrundlage von Attac. Die Erarbeitung konkreter Politik und praktischer Maßnahmen wird aus der Vielfalt heraus und in solidarischer Auseinandersetzung unterschiedlicher Meinungen entwickelt.

2. Thematische Schwerpunkte

Am Anfang der Attac-Geschichte stand die Ein-Punkt-Orientierung auf die Besteuerung von Devisentransfers, die auch den Namen Attac abgab. Das ist nicht mehr aktuell. Inzwischen sind viele Fragen der ökonomischen Globalisierung Gegenstand von Attac-Initiativen: Regulierung der Finanzmärkte, des Welthandels, der ökonomischen Nord-Süd-Beziehungen u. a.

Es können durchaus auch weitere Themen dazukommen, sei es dadurch, dass bestehende Organisationen oder Netzwerke Mitglied bei Attac werden und dabei ihr Potenzial einbringen, sei es, dass aus der Mitgliedschaft heraus neue Themen aufgegriffen werden. Allerdings sollte Attac sich nicht jedem beliebigen Thema zuwenden. Zum einen endet ein thematischer Supermarkt schnell in Wirkungslosigkeit, zum anderen gibt es in vielen Bereichen Organisationen, die wichtige Themen schon lange und erfolgreich bearbeiten. Es wäre falsch, amnesty, Pro Asyl oder Greenpeace Konkurrenz machen zu wollen.

Eine gewisse Konzentration auf die ökonomischen, international wirksamen Dimensionen der Globalisierung ist unerlässlich. Bei Verknüpfungen von Fragen ökonomischer Globalisierung mit innenpolitischen oder nicht-ökonomischen Problemen, die durch die politische Entwicklung unabhängig von uns auf die Tagesordnung kommen – z. B. gegenwärtig das Thema Krieg und Frieden sowie demokratische Rechte –, wird Attac sich gewöhnlich darauf beschränken, die Perspektive ökonomischer Globalisierung einzubringen.

Auch innerhalb des Rahmens ökonomischer Globalisierungsfragen muss Attac Schwerpunkte bilden. Denn politische Durchschlagskraft hängt auch von der Fähigkeit ab, Positionen zu einer griffigen und durchsetzungsfähigen Botschaft auf den Punkt zu bringen, wie dies z. B. im Falle der Tobin-Steuer gelungen ist. Diese Schwerpunkte können sich je nach politischer Lage verändern.

Bei allen Themen steht für Attac die Entwicklung von Alternativen im Vordergrund.

3. Wer macht mit bei Attac?

In seiner Startphase war Attac Deutschland zunächst als herkömmliches NGO-Netzwerk angelegt. Es zeigte sich bald, dass das Projekt nur dann sein Potenzial voll entfalten kann, wenn es darüber hinaus auch die Möglichkeit für individuelles Engagement und vor allem für lokale Gruppen eröffnet.

Damit entsteht eine Struktur von sehr ungleichen Mitgliedern mit Konsequenzen für die internen Strukturen und Entscheidungsprozesse. Deshalb kommt es darauf an, die Mitgliedschaft von Einzelpersonen, lokalen Gruppen und kollektiven Mitgliedern wie Gewerkschaften, Verbände und NGOs so auszubalancieren, dass die jeweiligen Stärken aller Typen von Mitgliedern genutzt werden können.

4. Internationalismus

Für uns ist klar, dass in Zeiten der Globalisierung ein globalisierungskritisches Projekt wie Attac nur als internationales Projekt Sinn macht. Zwar ist Internationalismus keine Erfindung unserer Tage, aber es gibt gerade als Resultat der Globalisierung heute Möglichkeiten internationaler Zusammenarbeit und Solidarität – vorneweg das Internet –, die früheren internationalen Kräften nicht zur Verfügung standen. Attac versucht diese maximal zu nutzen.

Dabei versucht die internationale Attac-Bewegung, die Fehler früherer Konzeptionen von Internationalismus zu vermeiden. Eine Zentrale gibt es nicht, insofern unterscheidet sich Attac auch von internationalen Verbandsstrukturen wie Greenpeace. Jede nationale Attac-Organisation ist eigenständig und für sich selbst verantwortlich. Die Beziehungen der einzelnen nationalen Attac untereinander funktionieren netzwerkförmig.

Auf dem Hintergrund der historischen Erfahrungen mit den unterschiedlichsten Experimenten von »Internationale« geht es um nicht weniger als die Schaffung einer Form von internationaler Zusammenarbeit, die sich durch Gleichberechtigung und Dezentralität bei gleichzeitiger kollektiver Handlungsfähigkeit auszeichnet.

5. Basis- und Bewegungsorientierung

In den 90er Jahren wurden vor allem professionelle NGOs als die Träger kritischer und oppositioneller Positionen gegenüber der neoliberalen Globalisierung wahrgenommen. Seit Seattle zeichnet sich ab, dass sich Kritik und Alternativen nun auch in Form einer neuen sozialen Bewegung niederschlagen. Soziale Bewegungen verfügen über ein großes Potenzial, gesellschaftliche Veränderung anzustoßen und – im günstigsten Fall – auch durchzusetzen. Ihr politisches Gewicht ist bedeutend größer als das von einzelnen Organisationen. Attac als Teil dieser Bewegung zieht den wichtigsten Teil seines Potenzials aus dem Engagement der Bürgerinnen und Bürger an der Basis. Es ist ein Hauptinteresse von Attac, die neue soziale Bewegung nach besten Möglichkeiten zu fördern und zu stärken.

Gerade auf Grund ihres Charakters als Bewegung ist sozialen Bewegungen aber auch eine gewisse Instabilität immanent. So schnell wie sie entstehen, können sie auch wieder verfallen. Attac trägt selbst starke Züge einer Bewegung. Durch die Zusammensetzung enthält es aber auch Gruppierungen – wie Gewerkschaften, Verbände, NGOs –, die festere und auf dauerhafte Stabilität ausgelegte Organisationsstrukturen aufweisen. Von daher wäre es kurzsichtig, die Bewegungsorientierung zu verabsolutieren und die institutionell verfestigten Strukturen gegen die Bewegungselemente auszuspielen. Attac sollte Synergieeffekte zwischen beiden organisieren.

6. Attac in der globalisierungskritischen Bewegung

Attac ist ein wichtiger Bestandteil der neuen, globalisierungskritischen Bewegung, ist aber nicht identisch mit ihr. Diese Bewegung ist weitaus breiter, differenzierter und vielfältiger als Attac und es gibt in ihr andere sehr gewichtige Akteure.

Attac erhebt keinen Alleinvertretungs- oder Führungsanspruch und ist auch keine Dachorganisation.

Attac strebt eine Kooperation mit anderen Akteuren an. Ziel ist ein gesellschaftliches Bündnis als Gegenmacht zu den Kräften der globalen Märkte und deren politischen Organen. Attac will und wird andere Organisationen nicht verdrängen oder ersetzen, sondern bemüht sich um ein komplementäres Verhältnis zu ihnen. Attac ist zu Zusammenarbeit bereit, wobei die Skala von der punktuellen Kooperation bis zu strategischen Bündnissen reichen kann.

Angesichts der Kriegsgefahr nach den Terroranschlägen in New York und Washington kommt dieser Ansatz schneller als gedacht in den Praxistest. Attac reiht sich in die Friedensbewegung ein und versucht dabei die Friedensfrage mit den strukturellen Problemen der Globalisierung zu verknüpfen.

Gegenüber politischen Parteien wahrt Attac seine Eigenständigkeit und weist Versuche parteipolitischer Instrumentalisierung oder der Kooption durch staatliche und zwischenstaatliche Institutionen zurück. Bewusst schließen wir die Mitgliedschaft von Bundes- und Landesverbänden politischer Parteien in Attac aus. Dies bedeutet nicht, dogmatische Berührungsängste gegenüber Parteien und staatlichen Institutionen zu pflegen. Eine differenzierte Bezugnahme auf sie – nicht zu verwechseln mit Anschlussfähigkeit – kann dazu beitragen, die gesellschaftlichen Kräfteverhältnisse zugunsten emanzipatorischer Entwicklungen zu verschieben.

7. Pluralität von Aktionsformen und Instrumenten

Die Komplexität der gesellschaftlichen Verhältnisse macht eine Vielfalt von politischen Aktionsformen und Instrumenten notwendig. Attac muss aufklären und Wissen vermitteln und politischen Druck entfalten. Expertise, Aufklärung und Aktion sind daher die wesentlichen Elemente der Arbeitsweise von Attac. Von der Publikation über Workshops, Konferenzen, professionelle Öffentlichkeitsarbeit bis zur Politikbeeinflussung im offiziellen politischen System, der phantasievollen Performance, Demonstrationen und Aktionen des zivilen Ungehorsams bedient sich Attac je nach Umständen dieser Instrumente, ohne eines zu verabsolutieren.

Gesellschaftliche Veränderungen können nur demokratisch, d.h. durch die Teilnahme vieler Menschen erreicht werden. An diesem demokratischen Imperativ orientieren sich auch die Aktionsformen von Attac. Aktionsformen, die diesem Ziel widersprechen, lehnen wir ab. Daraus ergibt sich, dass die Aktionsformen friedlich sind.

Attac legt Wert darauf, dass auch in seiner Außenwirkung die politische und inhaltliche Breite des gesamten Projekts sichtbar wird.

8. Ein innovativer Organisationstyp

Die Kombination all dieser Elemente macht den spezifischen Charakter von Attac aus. Insofern ist Attac ein innovatives Projekt, das nicht ohne weiteres in die Kategorien Netzwerk, Verbandsinternationale, NGO oder Bewegung passt. Es enthält Schnittstellen zu allen und versucht vor allem die Vorzüge der einzelnen Organisationstypen miteinander zu verknüpfen und deren Nachteile zu vermeiden: die Flexibilität und Offenheit von Netzwerkstrukturen ohne deren Unverbindlichkeit, mit dem machtpolitischen Gewicht von sozialen Bewegungen ohne deren Instabilität, und der Kompetenz, Stabilität und Verbindlichkeit von NGOs und Verbänden ohne deren Abhängigkeiten und Bürokratisierungstendenzen.

Die konstitutiven Merkmale dieses Organisationstyps sind:

- Attac ist ein Ort, wo politische Lern- und Erfahrungsprozesse ermöglicht werden,
- in dem unterschiedliche Strömungen emanzipatorischer Politik miteinander diskutieren

  und
- zu gemeinsamer Handlungs- und Aktionsfähigkeit zusammenfinden.

Wenn Attac es versteht, diese Elemente der jeweiligen Situation angemessen zu kombinieren, könnte eine dynamische Stabilität entstehen, die dem Projekt eine erfolgreiche politische Zukunft sichert. Wie man diesen Organisationstypus dann nennt, ist zunächst zweitrangig. Sicher werden Organisationssoziologen sich über kurz oder lang dazu etwas einfallen lassen. In der Zwischenzeit begnügen wir uns mit: Attac ist Attac.

Selbstverständnispapier, November 2001

4 Grundsätze von Attac Deutschland
Die Welt ist keine Ware – eine andere Welt ist möglich!

Was will Attac?

Die Globalisierung ist ein Umbruch von historischen Dimensionen. Sie verändert die Gesellschaft mit enormem Tempo und greift tief in unsere Lebensbedingungen ein. Sie wird bisher einseitig von mächtigen Wirtschaftsinteressen dominiert, von großen Banken, Investmentfonds, transnationalen Konzernen und anderen großen Kapitalbesitzern. Ihr Leitbild ist der Neoliberalismus. Nach dieser Ideologie lassen sich die gesellschaftlichen Probleme am besten lösen, wenn man sie dem Markt und den Privatunternehmen überlässt.

Das neoliberale Versprechen, die Globalisierung bringe Wohlstand für alle, hat sich jedoch nicht erfüllt, im Gegenteil:

- Die soziale Kluft zwischen Nord und Süd wird tiefer. Während die Reichen immer reicher werden, wächst die Armut in der Dritten Welt. Durch Finanz- und Wirtschaftskrisen werden über Nacht ganze Volkswirtschaften ruiniert und verlieren Hunderttausende ihren Arbeitsplatz.
- Die Armut ist in die Industrieländer zurückgekehrt. Auch bei uns nehmen soziale Unsicherheit, Ausgrenzung und Ungerechtigkeit zu. Die sozialen Sicherungssysteme werden abgebaut und sind von Privatisierung bedroht. Renten, Gesundheit, Bildung sollen zur Ware werden.
- Demokratie wird untergraben, weil Global Player mit der Drohung, den »Standort« zu wechseln, zunehmend die Politik diktieren.

- Neue Ungleichheiten zwischen den Geschlechtern entstehen. Die Deregulierung der Arbeitsmärkte und der Sozialabbau werden wesentlich mithilfe unter- und unbezahlter, flexibler Frauenarbeit vollzogen. Auch Männerarbeit wird zunehmend nach diesem Modell der weltweit ungeschützten flexibilisierten Billigjobs dereguliert und globalisiert.
- Die Globalisierung hat zu einer krassen Zunahme sexistischer und struktureller Gewalt gegen Frauen wie z. B. des transnationalen Handels mit Frauen und Kindern geführt. Die Opfer der neuen, globalisierten Kriege sind ebenfalls in überwiegender Mehrheit Frauen und Kinder.
- Die Lösung der Umweltprobleme wird verschleppt. Die natürlichen Lebensgrundlagen werden durch die Unterwerfung unter die Marktlogik zerstört.
- Kulturelle Vielfalt wird durch eine ökonomisch mächtige Kulturindustrie eingeebnet. Die Suggestivkraft von Werbung und Markenlogos bestimmt immer stärker Wertorientierungen und gesellschaftliche Leitbilder.
- Neben anderen Gründen sind es hegemoniale Interessen und neue Rohstoffquellen (Öl und Gas), zu deren Sicherung reiche Industriestaaten zunehmend militärische Planungen und kriegerische Interventionen durchführen. Die neoliberale Globalisierung hat sehr viele Verlierer und nur wenige Gewinner hervorgebracht. Sie begünstigt damit politische Destabilisierung und ist ein Grund für Gewalt, Krieg und Terrorismus. Dies führt zur Rechtfertigung von weltweiter Aufrüstung, von Militarisierung und zur Aushöhlung demokratischer Rechte.

Wir brauchen eine andere Politik

Die neoliberale Globalisierung ist keineswegs schicksalhaft und alternativlos. Sie ist von den Regierungen der großen Industrieländer und mit Hilfe von Internationalem Währungsfonds (IWF), Weltbank und Welthandelsorganisation (WTO) zielgerichtet betrieben worden. Deutschland und die EU spielen dabei sowohl nach innen (Liberalisierung der Binnenmärkte) als auch bei der neoliberalen Zurichtung der Weltwirtschaft eine maßgebliche Rolle.

Dazu gab und gibt es wirtschafts- und gesellschaftspolitische Alternativen. Wir setzen uns ein für eine ökologische und solidarische Weltwirtschaftsordnung. In ihr gibt es mehr gleichberechtigte internationale Zusammenarbeit und eine nachhaltige, umweltgerechte Entwicklung des Nordens wie des Südens. Wir wollen eine Welt, in der Demokratie für alle Menschen gewährleistet ist und kulturelle Vielfalt erhalten bleibt.

Diese Ziele sind nur durchsetzbar, wenn es eine starke, international handelnde gesellschaftliche Bewegung gibt. Attac ist Teil dieser Bewegung, die sich in Seattle, Prag, Genua sowie anderen Orten formiert hat und sich unter anderem im Weltsozialforum von Porto Alegre weiter entwickelt.

- Attac will als Teil der außerparlamentarischen Bewegung einen Beitrag für eine umfassende Demokratisierung der Gesellschaft leisten.
- Attac streitet für eine neue Weltwirtschaftsordnung, in der der Reichtum der Welt gerecht verteilt und ökologisch genutzt wird.
- Attac ist Bestandteil der Antikriegs- und Friedensbewegung, denn eine gerechte Welt ist ohne Frieden nicht möglich.

Attac setzt sich ein für:

- Ein Ende der neuen Kriegsvorbereitungen und Kriege und für zivile und friedliche Konfliktlösungen. Eine Militarisierung der Außenpolitik und Kriegseinsätze der Bundeswehr im Ausland lehnen wir ab.
- Die Einführung einer Steuer auf internationale Finanztransaktionen, sog. Tobin-Steuer, und die Verwendung der Einnahmen für internationale Umwelt- und Entwicklungsaufgaben.
- Die Schließung der Steueroasen, die Regulierung von Derivaten und das Verbot von hochspekulativen Fonds (sog. Hedge-Fonds).
- Die stärkere Besteuerung von Kapitaleinkünften und großen Vermögen.
- Die Lösung der Schuldenkrise der Entwicklungsländer, die Beendigung der neoliberalen Strukturanpassung sowie die Ablösung der Diktatur der Gläubiger durch ein faires und transparentes Verfahren.
- Eine Welthandelsordnung, die den Interessen der Entwicklungsländer, sozial Benachteiligten und der Umwelt Vorrang einräumt.
- Internationale Institutionen, die diesen Zielen und nicht den Interessen von Industrieländern, Konzernen und korrupten Eliten dienen.
- Ein demokratisches und soziales Europa, das sich an den Bedürfnissen der Menschen und der Solidarität mit den anderen Teilen der Welt orientiert. Wir wehren uns gegen die Einschränkung des Demonstrationsrechtes, der Bewegungsfreiheit, des Rechts auf freie Meinungsäußerung. Wir weisen die Kriminalisierung der Bewegung gegen die neoliberale Globalisierung zurück.
- Eine demokratische Reform der öffentlichen Dienstleis-

tungen. Wir setzen uns ein für ein Niveau sozialer Sicherung, das allen ein menschenwürdiges Leben ermöglicht. Wir wenden uns gegen Privatisierung öffentlicher Dienste und der Aufgaben der öffentlichen Daseinsvorsorge, zum Beispiel des Gesundheits- und Bildungssystems sowie der Wasserversorgung, wie sie im Rahmen des GATS-Abkommens droht. Die Privatisierung öffentlicher Güter und genetischer Ressourcen lehnen wir ab.

- Ein System der solidarischen Alterssicherung.
- Umverteilung und Umbewertung von Erwerbs- und unbezahlter Arbeit im Rahmen der internationalen und geschlechtsspezifischen Arbeitsteilung.
- Eine soziale und ökologische Gestaltung der Landwirtschaft. Gentechnisch veränderte Produkte und Patente auf Leben lehnen wir ab.
- Die Regulierung und Einschränkung der Macht transnationaler Konzerne und ökonomischer Machtzusammenballungen durch Kartelle und Fusionen. Wir fordern u. a. höhere Unternehmenssteuern, existenzsichernde Löhne, Arbeitsrechte und Mitentscheidungsrechte für Beschäftigte, Gleichstellungsauflagen, soziale und ökologische Standards.

Nehmen wir gemeinsam die Zukunft unserer Welt in die Hand!

Grundsatzerklärung, Mai 2002

5 Erklärung für Kommunen

Wenn Kommunen Attac unterstützen wollen, müssen sie sich sowohl mit den Grundsätzen als auch mit folgender Erklärung einverstanden zeigen.

Die Kommunen und Attac

Die Kommunen sind durch die Globalisierung auf direkte Weise betroffen. Im Rahmen der kommunalen Selbstverwaltung gestalten sie das unmittelbare Lebensumfeld der Bürgerinnen und Bürger wesentlich mit. Dabei sind sie dem Druck ausgesetzt, viele neoliberale Politikempfehlungen der Landes- und Bundesregierungen z. B. in den Bereichen Steuern, Umwelt und Soziales vor Ort umzusetzen. Zugleich werden die politischen Spielräume der Kommunen durch die Globalisierung tagtäglich weiter reduziert. Sie tragen die finanzielle Hauptlast der sozialen Polarisierung in der Gesellschaft und sind durch sinkende Steuereinnahmen infolge der bundesweiten Steuerpolitik und der regionalen Standortkonkurrenz immer weniger in der Lage, ihrer Verantwortung für die Bereitstellung sozialer Dienste nachzukommen. Als Kommunen bekennen wir uns zu den Zielen und Forderungen von Attac und versuchen, unsere politischen Spielräume im Sinne dieser Ziele und Forderungen zu nutzen.

6 Erklärung für Parteien

So wie die Kommunen, können auch die Parteien oder Parteigliederungen unterhalb der Landesebene Attac nur dann unterstützen, wenn sie zuvor die folgende Erklärung unterzeichnen. Damit bekommen sie aber kein Stimmrecht. Parteigliederungen auf Landes- und Bundesebene haben dagegen keine Möglichkeit, Attac-Unterstützer zu werden.

Die Parteien und Attac

Parteien spielen eine einflussreiche und bisweilen übermächtige Rolle bei der gesellschaftlichen Meinungsbildung. Daher begrüßen wir Initiativen und Bewegungen wie Attac, die die Einbeziehung und aktive Einmischung in Politik für viele Menschen wieder attraktiv macht. Als Parteigliederungen bekennen wir uns zu den Zielen und Forderungen von Attac und versuchen, unsere politischen Spielräume sowohl in unseren eigenen Parteien als auch in der parlamentarischen Arbeit im Sinne dieser Ziele und Forderungen zu nutzen. Unsere Unterstützung für Attac dient nicht der politischen Vereinnahmung, sondern ist vielmehr Ausdruck unseres Respekts für die einer Bewegung wie Attac entsprechenden, parteiunabhängigen politischen Aktions- und Entscheidungsformen.

Teil IV

»Zwischen Netzwerk, NGO und Bewegung«
Arbeitsweise, Strukturen und Gremien

1 Wie arbeitet Attac?

Bildung

Die Arbeit von Attac wird von drei Säulen getragen: Bildung, Expertise und Aktion.

In Frankreich wird diese Säule »éducation populaire« genannt, was mit »Volksbildung« nur unzulänglich übersetzt ist. Gemeint ist eine aufklärende Bildungsarbeit, die die Menschen handlungsfähig machen und sie zur Mitgestaltung unserer Lebensverhältnisse befähigen soll. Um dieses Ziel zu erreichen, ist es notwendig, die Hintergründe und Zusammenhänge der Globalisierung zu durchleuchten; zu erkennen, wer welche Interessen verfolgt und mit welchen Methoden das geschieht. Das wichtigste Element ist dabei die »ökonomische Alphabetisierung«, denn wenn wir die wirtschaftlichen Prozesse als Triebkraft der Globalisierung nicht begreifen, können wir sie nicht wirksam bekämpfen. In unzähligen Veranstaltungen, in den Attac-Gruppen, den bundesweiten AGs, bei den Ratschlägen und auf Kongressen wird diese Bildungsarbeit realisiert. Es werden WissenschaftlerInnen oder AktivistInnen aus dem internationalen Spektrum der Globalisierungskritiker, Fachleute aus Gewerkschaften oder anderen zivilgesellschaftlichen Gruppen eingeladen oder qualifizierte Attac-Mitglieder werden über unseren eigenen ReferentInnenpool gesucht und gefunden.

In den lokalen Gruppen wird viel selbst gestaltet: Einzelne bereiten sich auf einen Themenaspekt vor, referieren über Texte, Thesen und Theorien und geben Impulse für die gemeinsame Diskussion. Erkenntnisse und Argumente werden gewonnen und (Selbst-)Bewusstsein und die Bereitschaft sich einzumischen wachsen.

Ein zentrales Element unserer Bildungsarbeit ist die Attac-Sommerakademie, die im Jahr 2004 zum dritten Mal stattfinden wird. Dort gibt es eine ganze Woche lang Seminare und unzählige Workshops, die von unseren Gruppen, AGs, Mitgliedsorganisationen und SpezialistInnen angeboten werden. Zudem international besetzte Plenen, Kultur und gemeinsame Aktionen. Über tausend zumeist junge Leute haben an der ersten Sommerakademie in Marburg und der zweiten in Münster begeistert teilgenommen.

Darüber hinaus gibt es Bildungsangebote für methodische Kompetenzen. Moderation, Konfliktbearbeitung oder Drittmittelgewinnung sind dort ebenso im Angebot wie Musterreferate, Presse- und Öffentlichkeitsarbeit oder politische Planung.

Die Attac-Bildungskoordination ist eine kleine Gruppe erfahrener und engagierter Leute, die den Erfahrungsaustausch organisieren und interessante Seminarangebote sammeln und bekannt machen. Inzwischen sind neun Basistexte zu den wichtigsten Attac-Themen entstanden.

Darüber hinaus arbeiten wir an Bildungsbausteinen, in denen Aspekte der Globalisierung für die kritische Behandlung im Schulunterricht aufbereitet sind.

Expertise

In Attac-Arbeitsgruppen, in Mitgliedsorganisationen und von den Mitgliedern des wissenschaftlichen Beirates werden spezielle Themen theoretisch durchleuchtet, intensiv erforscht und auf Alternativen geprüft. Viel wertvolles Hintergrundmaterial und wegweisende Vorschläge werden erarbeitet, die Attac zur Verfügung stehen. Nicht immer steht am Ende einer Untersuchung oder am Ende einer Diskussion zu den Themen ein fertiges Konzept. Unter www.attac.de/archiv/index.php sind Texte zu den wichtigsten Themen zu finden. Mit einem Reader zu den Hintergründen des aktuellen Irak-Kriegs wurden verschiedene Aspekte ausgeleuchtet und Stoff für weitere Debatten geliefert.

Die Ergebnisse, Konzepte, Vorschläge und Anregungen der Attac-nahen AutorInnen machen deutlich, dass wir nicht nur bestehende Verhältnisse kritisieren, sondern dass es Alternativen gibt, dass eine andere Welt möglich ist. Mit diesem Material wollen wir einerseits die gesellschaftspolitische Debatte beeinflussen, dem neoliberalen Mainstream etwas entgegenstellen, und andererseits bildet es die Grundlage, auf der die Attac-Bildungsarbeit wächst.

Aktionen

▶ Die unterschiedlichen Formen

Der Aktionsbegriff bei Attac ist sehr breit gefächert. Infostände und Straßentheater dienen im Wesentlichen dazu, Informationen zu vermitteln und auf kreative Art und Weise bestimmte Missstände zugespitzt darzustellen. Solche Aktionen sind in aller Regel unaufwändig und überall kurzfristig durchführbar, mithin gut in der lokalen Attac-Arbeit einzusetzen. Beispiele für gelungene Theater-Aktionen gibt es viele: ›Bettenparaden‹ in Fußgängerzonen, mit denen während der Kampagne zur Gesundheitsreform 2002 die Gesundheitspolitik angeprangert wurde, oder die demonstrative »Privatisierung« öffentlicher Räume und Einrichtungen in vielen Städten im Rahmen der GATS-Kampagne 2003. Im Herbst 2003 thematisierten Aktionen allerorten die sozialen Zumutungen der rigiden Sparpolitik und der Agenda 2010: In Berlin kommen Attacies am Arbeitsamt über fingierte Fragebögen mit Arbeitslosen ins Gespräch (»Arbeitest du noch oder bettelst du schon?«) und eine von Studenten organisierte Suppenküche am Marburger Parteibüro der CDU versorgt Bedürftige mit einem warmen Mittagessen.

Demonstrationen sind eine Aktionsform mit langer Geschichte. Große Demos machen die Masse der Menschen hinter einem politischen Anliegen sichtbar. Im Rahmen des zweiten inhaltlichen Attac-Schwerpunkts 2003, der Anti-Kriegs-Arbeit, nahmen gemeinsam mit Bündnispartnern organisierte Demonstrationen einen breiten Raum ein. Infolgedessen wurde Attac in der Öffentlichkeit auch als wichtiger Vertreter der Friedensbewegung wahrgenommen. Anlässlich großer internationaler Events, wie zum Beispiel des G8-Gipfels in Evian, machen wir uns die Anwesenheit des politischen Gegners und eines breiten Medienaufgebots zunutze, um mittels Gegenveranstaltungen und Großdemos Öffentlichkeit für unsere Forderungen herzustellen. Die Proteste in Genua 2001 verhalfen der globalisierungskritischen Bewegung überhaupt erst zum Durchbruch. Dass solche Demonstrationen häufig von gewalttätigen Auseinandersetzungen begleitet sind, erhöht – ob wir das wollen oder nicht – die mediale Aufmerksamkeit.

Blockaden, Boykotts und andere Formen des zivilen Ungehorsams sind der gut geschmierten politischen Maschinerie Sand im Getriebe. Seit den von »resist the war« organisierten Anti-Kriegs-Demonstrationen an der Rhein-Main-Airbase, an denen Attacies zahlenmäßig stark beteiligt waren, rücken gewaltfreie Sitzblockaden als Form des zivilen Widerstandes, wie sie von der Anti-Atom-Bewegung im Wendland seit Jahren praktiziert werden, auch bei Attac stärker in den Blickpunkt. Die Blockade einer Zufahrtsstraße nach Evian war eine der Hauptaktionen von Globalisierungskritikern beim jüngsten G8-Gipfel.

Ziviler Widerstand besitzt auch in Deutschland eine lange Tradition und hat wesentlich dazu beigetragen, heute selbstverständlich geltende Grundrechte wie Versammlungsfreiheit, das Recht auf freie Meinungsäußerung oder das Streikrecht sowohl in der Gesetzgebung als auch in der Rechtsprechung zu verankern. Aktionen des zivilen Ungehorsams, mit denen wir unsere legitimen Interessen durchsetzen wollen, sind heute mehr denn je Ausdruck einer lebendigen Demokratie: Nehmen die Regierungen ihre Verantwortung nicht wahr, wird es zur Aufgabe engagierter BürgerInnen, ihren Standpunkt dazu öffentlich wahrnehmbar zu äußern. Angesichts des offensichtlichen Bruchs des internationalen Völkerrechts durch die USA während des Irak-Kriegs ist eine gewisse Konfliktbereitschaft von Menschen wichtig und notwendig, um sich Gehör zu verschaffen. Selbst das Bundesverfassungsgericht hat schon vor Jahren bekräftigt, dass auch Sitzblockaden den Schutz der Versammlungsfreiheit genießen.

Spektakuläre (konfrontative, provokative) Aktionen können ein starkes Bild erzeugen, das aus sich heraus genügend Nachrichtenwert für die Medien besitzt und somit unser Anliegen in die Öffentlichkeit transportiert. Öffentlichkeit herstellen bedeutet nichts anderes, als Informationen aus unseren Kampagnen gezielt in den Massenmedien zu platzieren. Dazu reichen unsere guten Argumente oder die schiere Masse friedlich demonstrierender Menschen häufig nicht aus. Ein Bild, auf dem zum Beispiel unsere politischen Forderungen (»Schließung der Steueroasen«) an symbolträchtigem Ort (Fassade der Dresdner Bank o.ä.) unter starkem persönlichen Einsatz von Attac-Aktivisten präsentiert werden, kann ein Aufmacher sein. Aus ihrem Selbstverständnis heraus sind die Medien dann gezwungen, auch über Anlass und Hintergründe zu berichten.

Eine spektakuläre Aktion gegen den massiven Sozialabbau der Bundesregierung bildete im August 2003 den Auftakt für die bundesweite Kampagne »Genug für alle«: Aktivisten erhängten am Dachausleger der SPD-Zentrale in Berlin in 30 Meter Höhe symbolisch den »Sozialstaat«. Auch die »Badeaktion« im Genfer See während des G8-Gipfels gehört ansatzweise zu dieser Aktionsform: Unter dem Motto »G8 schwimmt obenauf – der Rest der Welt geht baden« belegten als Vertreter der reichen Industrie-Staaten maskierte Aktivisten acht aufblasbare Inseln, während über 100 Aktivisten – mit Badekappen in Landesfarben als Rest der Welt kenntlich gemacht – im eiskalten Wasser buchstäblich untergingen. Spektakuläre Aktionen sind bei Attac noch wenig weit entwickelt, bergen aber großes Potenzial für die Zukunft.

Aktionsfähigkeit stärken

Aktion gilt neben der Bildung und der Expertise offiziell als drittes Standbein von Attac. In der Realität sind wir allerdings von diesem Anspruch noch ein ganzes Stück entfernt.

Eine wichtige Voraussetzung für die Stärkung unserer Aktionsfähigkeit ist das Senken der Hemmschwelle: Aus den Diskussionszirkeln raus auf die Straße zu gehen, denn dort wird der politische Druck aufgebaut, der letztendlich Veränderungen bewirkt.

Um aktionsbereiten Menschen Vertrauen in ihr Potenzial zu geben, veranstaltet Attac regelmäßig Aktionstrainings, das bisher größte im Mai 2003. Hier wurden neben allgemeinen Aktionstechniken auch kreative Methoden wie Straßentheater eingeübt, ein weiterer Schwerpunkt war das Aktionsklettern.

Mindestens genauso wichtig ist die Entwicklung und Vertiefung von Know-how zu Aktionsauswahl und Aktionsdesign. Wird die Aktionsform der Umgebung und dem Anliegen gerecht? Wie wirkt die Aktion später durch den Sucher einer Filmkamera oder als Schwarzweißbild in der Zeitung? Das sind Fragen, die vor der Umsetzung einer Aktion überzeugend beantwortet werden müssen. In Zukunft soll eine regelmäßig stattfindende »Attac-Aktions-Akademie« diese Basis weiter verbreitern. Konzeptionell angelehnt an die Attac-Sommerakademie wird es ein breitgefächertes jährliches Training geben: Von konkreten Blockadetechniken über Bezugsgruppenbildung für den gewaltfreien Widerstand, Bannermalen, Stelzenlaufen bis hin zu Rechtsseminaren und Pressearbeit wird allen Aktionsbegeisterten das notwendige Handwerkszeug vermittelt, denn gute Aktionen fallen nicht vom Himmel.

▶ Kampagnen

So gut und wichtig es ist, dass Attac zu einer breiten Bewegung herangewachsen ist, in der das gesamte Spektrum der Globalisierungskritik bearbeitet wird, so notwendig ist es manchmal, die Kräfte in Kampagnen zu bündeln und sich für eine Zeit lang auf nur ein Ziel zu konzentrieren.

Wesentliches Merkmal einer Kampagne ist ein fest definiertes Ziel, das auch erreichbar sein soll. Gute Kampagnen zeichnen sich dadurch aus, dass sie scheinbare Gegensätze wie die strategische Planung auf der einen und Flexibilität auf der anderen Seite zu einer besonderen Stärke vereinen können. Idealerweise hat eine Kampagne darüber hinaus einen Spannungsbogen, Höhepunkte und einen »roten Faden«. Spektakuläre Aktionen, Lobbyarbeit, Recherche, Vernetzung, das Erarbeiten von Studien, Pressekonferenzen, Medienarbeit wie offene Briefe, die Herstellung von Informationsbroschüren, Mitmachaktionen für die Öffentlichkeit organisieren (Protestpostkarten, Unterschriftenlisten, Online-Briefe) und nicht zuletzt Aktionen organisieren, die an vielen Orten gleichzeitig stattfinden – das alles können Maßnahmen einer Kampagne sein. Gerade im letzten Punkt liegt die besondere Stärke von Attac: Wenn es gelingt, die über 200 lokalen Attac-Gruppen durch eine griffige Kampagne zum Mitmachen zu bewegen, können wir eine außerordentliche Breitenwirkung erzielen.

Der hier skizzierte Kampagnenbegriff ist jedoch innerhalb von Attac noch kein Konsens. In der internen Diskussion um den Stellenwert einzelner Attac-Themen und die Verteilung der knappen finanziellen Ressourcen findet eine Konzentration der Mittel auf zielgerichtete und wirksame Kampagnen im eigentlichen Sinne bislang kaum statt. Die interne Diskussion über Ziele, Strategien und die Rolle von Kampagnen ist daher eine wichtige Voraussetzung, um tatsächlich kampagnenorientierter und damit effektiver zu wirken.

Seit nunmehr drei Jahren hat Attac Erfahrungen mit kampagnenorientierter Arbeit sammeln können, die sich für die weitere Kampagnenarbeit nutzen lassen. Zum einen mit der Kampagne gegen die Gesundheitsreform 2001, zum anderen mit der GATS-Kampagne 2003.

Die ideale Kampagne

Aufgrund der bisherigen Erfahrungen lassen sich einige Punkte für die weitere Kampagnenarbeit festhalten:

1. Zentral ist die Einigung auf thematische Schwerpunkte innerhalb Attacs. Sie müssen von allen getragen werden und es muss Raum für Diskussionen in den Gruppen, auf dem Ratschlag, im Rat oder im Ko-Kreis geben.
2. Die Kompetenzen für die Organisation von Kampagnen müssen klar aufgeteilt sein. Verlässlichkeit, vor allem die rechtzeitige Meldung von Verzögerungen, verhindert, dass Materialien nicht verfügbar sind. Erfahrungen von externen Gruppen sollten immer miteinbezogen werden. Dazu gehört auch die Moderation von »Externen« auf Kampagnen-Workshops.
3. Die Analyse der Akteure, die in das Thema involviert sind, hilft, den Blick auf das Wesentliche zu lenken und die beteiligten Akteure als »Gegner« oder »Unterstützer« in Betracht zu ziehen.
4. Eine Analyse der politischen Prozesse lässt die Stellen erkennbar werden, an denen die Kampagne die beste Wirkung erzielen kann.
5. Konkrete Ziele sind wichtig. Allzu leicht erliegt man der

Versuchung, die Differenzen in der Zielformulierung nicht auszutragen, sondern alles zusammenmischen zu wollen. Meist rächt sich dies im späteren Verlauf der Kampagne.

6. Eine Strategie gibt den später zu erarbeitenden Maßnahmen ihren Rahmen. Die Vielfalt von Strategien ist groß und erstreckt sich nicht nur auf Aufklärungskampagnen. Imagekampagnen, Werbekampagnen oder Boykottkampagnen können ebenfalls große Wirkung haben.
7. Des Weiteren müssen umsetzbare, aufeinander aufbauende und regional verankerte Maßnahmen entwickelt werden. Für Attac-Kampagnen ist es wichtig, das gesamte Netzwerk mitzudenken. Wie können sich die Gruppen beteiligen? Welche Rolle könnte der wissenschaftliche Beirat spielen, welche die Künstlernetzwerke, die bundesweiten AGs, die Attac-Mitgliedsorganisationen, die Mitglieder oder das Bundesbüro?
8. Die zeitliche Koordination und die Bündelung und Abstimmung mit externen Ereignissen gibt dem Ganzen schließlich eine Linie.
9. Ist das Mosaik aus Aktionen, Pressearbeit, Konzepten und Ideen zusammengesetzt, stellt sich die Frage, welche Unterstützung für die beteiligten Akteure wichtig ist (Flugblätter, Plakate, Protestpostkarten o.ä.).
10. Interne Weiterbildung, Vernetzung und eine verantwortliche Koordination mit ausreichenden Ressourcen runden den idealtypischen Verlauf einer Kampagne ab.

Rasmus Grobe/Stephanie Handtmann/Sabine Leidig

2 Ein Überblick über die Strukturen

Beim Attac-Ratschlag in Frankfurt im Frühjahr 2002 sind neben der inhaltlichen Bestandsaufnahme, die in der Frankfurter Erklärung beschrieben wurde, wichtige Entscheidungen über die Strukturen von Attac Deutschland getroffen worden. Auch wenn die Thematik ein wenig trocken anmutet – es ist auch für die inhaltliche Arbeit nicht unerheblich zu verstehen, wie Attac organisiert ist, wer welche Befugnis hat und wie sich ein Gremium zusammensetzt. Aus dem Grund werden die wichtigsten Fakten im Folgenden dargestellt.

Welche Organe gibt es?

▶ Der Ratschlag

Der Ratschlag ist das höchste Entscheidungsgremium von Attac. Er trifft sich zweimal jährlich und zwar einmal als »Attac-Basistreffen« mit dem Schwerpunkt auf Erfahrungsaustausch und ein weiteres Mal mit dem Schwerpunkt Entscheidungsgremium, u. a. mit den jährlichen Wahlen zum Attac-Rat und zum Koordinierungskreis. Beide Treffen sind öffentliche Vollversammlungen.

▶ Der Attac-Rat

Der Attac-Rat trifft sich etwa viermal im Jahr. Er diskutiert richtungweisende Prozesse und notwendige weiterreichende Entscheidungen zwischen den Ratschlägen. All die langfristigen Themen, für die der Ratschlag nicht die Ruhe und

Kontinuität und der Koordinierungskreis nicht die Zeit bietet, sollen hier diskutiert werden. Er soll die Ideen und Vorstellungen aller Teile von Attac zusammenbringen. Der Attac-Rat dient der Beteiligung der Gruppen und Mitgliedsorganisationen verschiedener politischer Hintergründe. Er ist auch für sich entscheidungsfähig.

▶ Der Koordinierungskreis

Der Koordinierungskreis trifft sich normalerweise monatlich. Er ist ein Arbeits-, kein Entscheidungsgremium. Er vertritt Attac im Rahmen der politischen Beschlüsse von Attac-Rat und Ratschlag nach außen und organisiert die Durchführung bundesweiter Aktionen und den internen Kommunikationsfluss.

▶ Das Büro

Das Büro wird vom Koordinierungskreis eingesetzt und kontrolliert. Politisch wegweisende Entscheidungen werden nicht vom Büro getroffen.

▶ Die bundesweiten Arbeitsgruppen

In den bundesweiten AGs treffen sich Interessierte zu den unterschiedlichsten Themen. Nachdem sie vom Attac-Rat als AG anerkannt wurden, können sie eigenständige Öffentlichkeitsarbeit im Rahmen des Themenbereiches unter Attacs Namen machen.

Wie sollen die Organe zusammengesetzt sein?

Für alle Organe von Attac gilt, dass Mitglieder und Nichtmitglieder die gleichen Rechte haben.

▶ Ratschlag

Der Attac-Ratschlag ist ein öffentliches Treffen aller interessierten Menschen aus den Mitgliedsorganisationen, Ortsgruppen sowie den bundesweiten Arbeitszusammenhängen und aktiven Nichtmitgliedern. Entscheidungen werden im Konsensverfahren getroffen. Abstimmungen sollen die Ausnahme sein. Für den Fall von Abstimmungen und Wahlen werden von den Mitgliedsorganisationen und Ortsgruppen Delegierte bestimmt (zum Delegiertenprinzip s. u.).

▶ Der Attac-Rat

Der Attac-Rat besteht aus den Mitgliedern des Koordinierungskreises sowie aus mehr als der doppelten Zahl weiterer Mitglieder. Die Attac-Gruppen entsenden 24 weitere Mitglieder aus den vier Attac-Regionen (Nord, Süd, Ost, West). Die Mitgliedsorganisationen entsenden 12 weitere Mitglieder. Ferner sollen alle weiteren bundesweit relevanten Attac-Arbeitszusammenhänge, wie AGs, Kampagnen, wissenschaftlicher Beirat, Frauennetzwerk – all die, die durch die vorher gewählten Gruppen- oder OrganisationsvertreterInnen noch nicht vertreten sind –, VertreterInnen entsenden.

▶ Koordinierungskreis

Der Koordinierungskreis besteht aus 21 Mitgliedern. 12 Mitglieder entsenden die Attac-Gruppen, 6 die Mitgliedsorganisationen und 3 weitere die bundesweit relevanten Attac-Arbeitszusammenhänge wie z. B. Arbeitsgruppen, Kampagnen, wissenschaftlicher Beirat, Frauennetzwerk usw.

Wie soll die Zusammensetzung bestimmt werden?

Der Ratschlag hat im Mai 2002 in Frankfurt beschlossen, dass künftig für Abstimmungen und Wahlen ein Delegiertensystem gelten soll.

▶ Der Ratschlag

Die Attac-Gruppen, Mitgliedsorganisationen und bundesweiten Arbeitszusammenhänge bestimmen ihre Delegierten nach ihrem eigenen Verfahren, das nicht bundesweit zentral geregelt wird.

▶ Koordinierungskreis

Die Mitglieder des Koordinierungskreises werden von den Delegierten gewählt.

Die VertreterInnen der Attac-Gruppen
Alle KandidatInnen müssen ein Mandat einer aktiven Attac-Gruppe haben. Bei allen Wahlen von Attac-GruppenvertreterInnen ist nur gewählt, wer mindestens 50 % der abgegebenen Stimmen erhält. Alle KandidatInnen haben Gelegenheit, sich vorzustellen. Dabei müssen sie offen legen, welchen anderen politisch aktiven Organisationen und Parteien sie angehören und ob sie dort Ämter bzw. Mandate bekleiden. Die Wahl findet geheim statt.

Acht der zwölf VertreterInnen der Attac-Gruppen werden auf dem Ratschlag von den vier Regionalversammlungen ernannt. Die regionale Aufteilung erfolgt so: Süden (Bayern, Baden-Württemberg), Osten (Mecklenburg-Vorpommern, Brandenburg, Berlin, Sachsen-Anhalt, Sachsen, Thüringen), Westen (Nordrhein-Westfalen, Hessen, Rheinland-Pfalz, Saarland) und Norden (Schleswig-Holstein, Hamburg, Bremen, Niedersachsen). Jede Regionalversammlung besteht aus den Delegierten der jeweiligen Region. Sie tagen öffentlich. Auf jeder Regionalversammlung werden zwei VertreterInnen gewählt, wobei nicht beide männlich sein dürfen.

Die verbleibenden vier Plätze werden vom Plenum der Delegierten aus den Attac-Gruppen bestimmt, wobei sichergestellt sein muss, dass insgesamt nicht mehr als sechs Männer von den Attac-Gruppen gewählt werden.

Die VertreterInnen der Mitgliedsorganisationen

Die sechs VertreterInnen der Mitgliedsorganisationen werden auf einer Versammlung der VertreterInnen der anwesenden bundesweit arbeitenden Organisationen gewählt. Alle Organisationen, die im Koordinierungskreis mitarbeiten wollen, werden auf der Versammlung der Organisationen kurz vorgestellt. Alle Organisationen müssen überregional tätig sein. Sie sollen benennen, welche Person sie im Ko-Kreis vertreten wird. Die Personen sollen offen legen, welchen anderen politisch aktiven Organisationen und Parteien sie angehören und ob sie dort Ämter bzw. Mandate bekleiden. Bestimmt werden jedoch Organisationen, keine natürlichen Personen. Die gewählten Organisationen sollen eine ausgewogene Mischung ergeben. Es geht darum, die verschiedenen Teile des Bündnisses gut abzubilden.

Wenn sich die Versammlung der Mitgliedsorganisationen nicht einigen kann, so werden die Organisationen gewählt. Die Wahl findet in drei Wahlvorgängen statt, um der Versammlung die Möglichkeit zu geben, die Zusammensetzung der Organisationen im Ko-Kreis genauer zu bestimmen. Gewählt ist die Organisation, die mindestens 50 % der Stimmen erhält..

Die VertreterInnen der bundesweiten Arbeitszusammenhänge

Die Bestimmung der VertreterInnen der weiteren bundesweiten Arbeitszusammenhänge erfolgt, nachdem die VertreterInnen der Attac-Gruppen und der Mitgliedsorganisationen bestimmt wurden. Dabei soll berücksichtigt werden, welche bundesweiten Arbeitszusammenhänge im Koordinierungskreis noch fehlen. Die kandidierenden Arbeitszusammenhänge sollen benennen, welche Person sie im Ko-Kreis vertreten wird. Die Personen sollen auch hier offen legen, welchen anderen politisch aktiven Organisationen und Parteien sie angehören und ob sie dort Ämter bzw. Mandate bekleiden. Bestimmt werden Arbeitszusammenhänge, keine natürlichen Personen. Dazu wird im Plenum eine Liste von nicht oder nicht ausreichend im Koordinierungskreis vertretenen Organisationen gesammelt. Dem Plenum bleibt nun überlassen, ob es die Auswahl der VertreterInnen der Arbeitszusammenhänge durch eine Arbeitsgruppe vorbereiten lässt oder direkt von der Liste der kandidierenden Arbeitszusammenhänge wählt.

▶ Der Attac-Rat

Die VertreterInnen der Attac-Gruppen

Die Bestimmung der 24 VertreterInnen der Attac-Gruppen erfolgt in den gleichen Regionalversammlungen wie oben beschrieben.

In diesen vier Regionalversammlungen wählen die Delegierten aus der jeweiligen Region jeweils sechs VertreterInnen, davon maximal drei Männer, nach dem gleichen Verfahren, mit dem auch die VertreterInnen der Regionalgruppen im Ko-Kreis gewählt werden.

Die VertreterInnen der Mitgliedsorganisationen

Die zwölf VertreterInnen der Mitgliedsorganisationen im Attac-Rat werden über das gleiche Verfahren bestimmt wie die VertreterInnen der Organisationen im Koordinierungskreis (s. o.).

VertreterInnen der bundesweiten Arbeitszusammenhänge

Zur Bestimmung der VertreterInnen der bundesweiten Arbeitszusammenhänge im Attac-Rat gilt das gleiche Verfahren wie für ihre VertreterInnen im Koordinierungskreis (s. o.). Eine Obergrenze wurde nicht festgelegt.

Kooptation

Der Attac-Rat und der Koordinierungskreis können weitere Mitglieder zum Attac-Rat einladen. Dies ist vom Attac-Rat zu bestätigen (Kooptation).

Wie wird auf dem Ratschlag entschieden?

Es gibt zwei Entscheidungswege: Konsensorientiertes Entscheidungsverfahren und Mehrheitsabstimmung. Wichtige Entscheidungen werden auch auf dem Ratschlag wenn irgend möglich im Konsens herbeigeführt. Entscheidungen im Konsens zu treffen bedeutet im Attac-Verständnis: Eine Entscheidung ist dann getroffen, wenn ihr im Entscheidungsgremium niemand widerspricht. Für Attac ist eine konsensuale Entscheidungsfindung von elementarer Bedeutung. Deshalb werden Entscheidungen bei Attac grundsätzlich im Konsens herbeigeführt. Ausschließlich in dem Fall, dass auch nach einem aufwändigen Konsensfindungsverfahren kein Konsens erzielt werden kann, sehen die Attac-Strukturen eine Entscheidungsfindung mit ¾-Mehrheit vor.

(Ausgenommen von dieser Regelung sind lediglich drei Bereiche, über die der Ratschlag zu entscheiden hat: die Gremienwahlen, der Beschluss über den Haushalt sowie die Festlegung des Orts für den nächsten Ratschlag.)

Das Konsensverfahren ist für uns aus folgenden Gründen so wichtig:

- Attac ist ein breites Bündnis, in dem sehr unterschiedliche Personen und Organisationen gleichberechtigt zusammenarbeiten. Das gilt für alle Attac-Ebenen, also gleichermaßen für Ratschläge, für den Attac-Rat und den Koordinierungskreis, so auch für die bundesweiten Arbeitszusammenhänge (z. B. die AGs) und natürlich für alle regionalen und örtlichen Gliederungen (Ortsgruppen, örtliche Arbeitskreise usw.). Die konsensuale Entscheidungsfindung garantiert, dass sich alle Teilnehmer bzw. Betroffenen weitestgehend mit der Entscheidung identifizieren können. Für ein Netzwerk aus vielen unterschiedlichen PartnerInnen ist eine solche Identifikationsmöglichkeit ein wesentliches und ausgesprochen wichtiges Bindeglied – anders als z. B. in Parteien, in denen etwa ein Programm den Rahmen der Gemeinsamkeiten darstellt. Wenn Entscheidungen mit knappen Mehrheiten getroffen werden (»51:49-Entscheide«), gibt es zwar 51 % (meist) zufriedene »GewinnerInnen«, aber eben auch 49 % unzufriedene oder gar demotivierte »VerliererInnen«.

- Konsens erhöht die Motivation, gemeinsam beschlossene Aktivitäten auch gemeinsam in die Praxis umzusetzen.
- Konsensentscheidungen geben jedem/r Einzelnen die Möglichkeit, für sich festzulegen, welche Inhalte er/sie noch mittragen kann und welche nicht. Das bedeutet einerseits viel »Macht« für den Einzelnen, da er eine Entscheidung der ganzen Gruppe verhindern kann, aber andererseits auch ein sehr hohes Maß an Verantwortung dem Ganzen gegenüber. Nicht zuletzt wird dadurch die Kompromissbereitschaft des Einzelnen erheblich gesteigert.
- Wenn ich als Einzelner einen Beschluss verhindern kann, der für mich nicht tragbar ist, bin ich nicht mehr darauf angewiesen, mir in den verschiedenen Gremien und Arbeitszusammenhängen »Gleichgesinnte« zu wählen. Dies bedeutet insbesondere, dass z. B. bei der Zusammensetzung von Gremien auf »Gesinnungsproporze« weitestgehend verzichtet werden kann und stattdessen inhaltliche Kriterien (die Frage, welche Person oder welche Organisation für das Gremium wichtig ist) den Ausschlag für deren Zusammensetzung geben können.

Wie kommen Konsensentscheidungen zustande und wann greift die »3/4-Regelung«?

Im ersten Schritt wird versucht festzustellen, ob ein Konsens zu erzielen ist.

Falls dies auch nach langen Diskussionen nicht möglich ist, sollte eine »Konsensfindungs-Arbeitsgruppe« gebildet werden, in der alle divergierenden Positionen vertreten sein müssen. Diese Arbeitsgruppe hat den Auftrag, bis zu einem vorher vereinbarten Termin einen für alle aus dieser Gruppe akzeptablen Kompromissvorschlag vorzulegen. Erst wenn auch dies nicht gelingt, wird auf der folgenden Sitzung mit ¾-Mehrheit beschlossen. Allerdings sollten sich alle Attac-Ebenen, die auf eine ¾-Mehrheitsentscheidung zurückgreifen müssen, klar darüber sein, dass eine solche Entscheidung der grundlegenden Idee der »gleichberechtigten Einbindung aller Betroffenen in die Entscheidungsprozesse« nicht oder nur sehr unzureichend gerecht wird.

Wie werden bundesweite Arbeitsgruppen eingerichtet?

Die inhaltliche Arbeit von Attac ruht wesentlich auf der Arbeit der bundesweiten Arbeitsgruppen und Kampagnen. AGs orientieren sich am Selbstverständnis, an den Zielen und Arbeitsmethoden von Attac Deutschland. Bundesweite Arbeitsgruppen werden durch Gründungsinitiativen ins Leben gerufen. Personen, die an der Gründung einer neuen AG interessiert sind, laden nach Rücksprache mit dem Koordinierungskreis zu einem oder mehreren bundesweiten Treffen einer Gründungsinitiative ein und erarbeiten dabei ein Selbstverständnispapier, das auf folgende Fragen eingeht:

1. Name, Thema, Ziel und Arbeitsweise der AG,
2. Zusammenhang des Themas mit Globalisierung, spezifisch globalisierungskritische Perspektive, Kernforderungen der AG,
3. Verankerung in den bestehenden Strukturen von Attac, d. h. Einbeziehung von Mitgliedsorganisationen und Arbeitsgruppen der lokalen Attac-Gruppen, die sich mit diesem Thema beschäftigen, und Abgrenzung zu den Arbeitsbereichen bestehender AGs,
4. vorläufige Arbeitsplanung entsprechend dieser Perspektive.

Dieses Papier legt die Gründungsinitiative dem Attac-Rat vor, der auf dieser Grundlage über die Einrichtung einer bundesweiten AG entscheidet. AGs haben, sofern sie nicht selbst im Ko-Kreis vertreten sind, eine Ansprechperson im Ko-Kreis, um den Informationsfluss innerhalb von Attac zu gewährleisten. Nach dem Einverständnis des Attac-Rates können bundesweite AGs im Rahmen des Selbstverständnispapiers von Attac in eigenem Namen auftreten und handeln.

Der Delegiertenschlüssel

▶ Attac-Gruppen

Jede Attac-Gruppe bekommt zwei Stimmen. Dies soll die Beteiligung an den Ratschlägen vergrößern und ermöglichen, dass von jeder Gruppe ein Mann und eine Frau entsandt werden kann. Gruppen mit mehr als hundert Mitgliedern bekommen vier Stimmen. Gruppen mit mehr als zweihundert Mitgliedern erhalten sechs Stimmen. Danach gibt es keine weitere Differenzierung.

▶ Mitgliedsorganisationen

Die bundesweit tätigen Mitgliedsorganisationen erhalten jeweils zwei Stimmen.

▶ Bundesweite Arbeitsgruppen

– wie das Frauennetz, der wissenschaftliche Beirat usw. erhalten auch jeweils zwei Stimmen.

Die Quotierung

Zu der Männer- und Frauenquote gab es bis zum Redaktionsschluss keinen Konsens. Eine Entscheidung wird vom Ratschlag 2004 getroffen.

Bis dahin gilt: Die Delegierten der Attac-Gruppen sollen so gewählt werden, dass mindestens die Hälfte der Plätze von Frauen besetzt wird. (Unbesetzte Männerplätze werden von Frauen besetzt, unbesetzte Frauenplätze bleiben frei).

Astrid Schaffert

3 Ein Organigramm

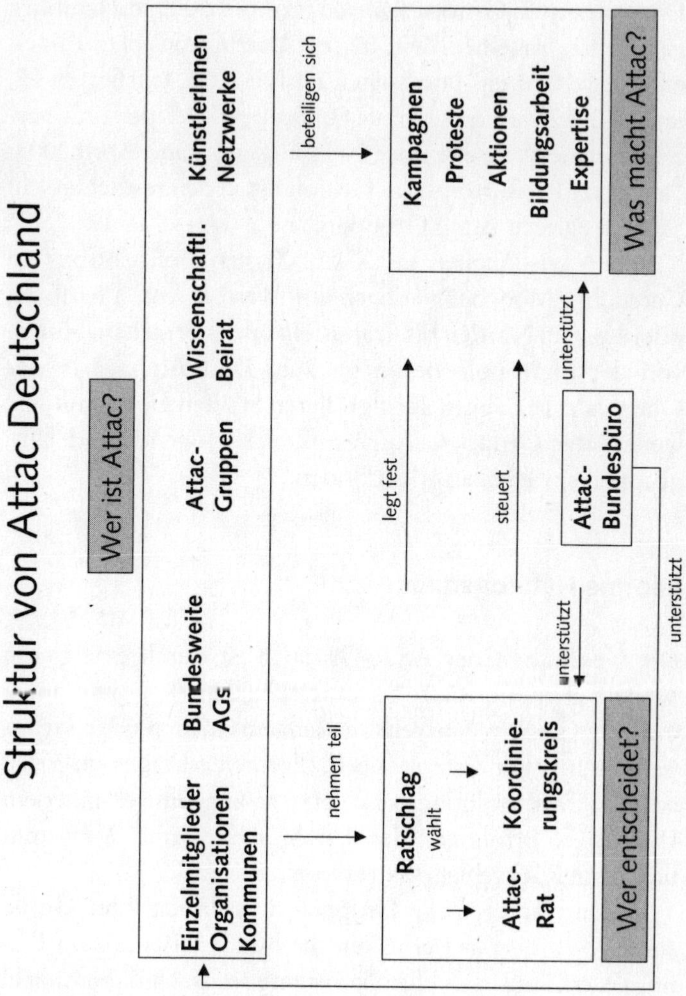

4 Die Basis: Die Gruppen vor Ort

Die erste Attac-Gruppe hat sich im April 2000 in Hamburg gegründet, zu einer Zeit, als es Attac Deutschland noch nicht gab. Gut ein Jahr später, im Juli 2001, existierten 12, im Juli 2002 waren es bereits 80 Gruppen. Mittlerweile verzeichnet die Webseite über 200 Einträge, Stand April 2003. Davon sind 50 Gruppen in Gründung, in den restlichen 150 Städten agieren Attac-Gruppen.

Von A wie Aachen bis X wie Xanten, von Cottbus im Osten bis Mönchengladbach im Westen, von Flensburg oder Leer im Norden bis Traunstein oder Lörrach im Süden, von der Metropole Berlin bis zum Dorf Ambach in der Oberpfalz: In nahezu allen größeren Städten gibt es mittlerweile Attac-Gruppen. Auch zahlreiche Jugend- und Unigruppen sprießen aus dem Boden.

Enorme Heterogenität

Die Gesamtheit der Attac-Gruppen ist durch eine bunte Vielfalt charakterisiert. So unterscheiden sich ganz junge Gruppen stark von bereits seit langem existierenden Gruppen. Stehen bei ersteren noch allgemeine Fragen zu Attac auf der Tagesordnung, sind letztere zunehmend mit dem Problem konfrontiert, den Erfolg, das rasante Wachstum und erste Rückschläge zu verarbeiten.

Zudem variieren die Gruppen hinsichtlich ihrer Größe stark. Während in Berlin um die hundert Leute zum Plenum eilen, sind es in Horb konstante sechs. Und die Anzahl der Aktiven korreliert mitnichten immer mit der Stadtgröße, wie beispielsweise die Gruppe in Schwäbisch Hall mit ihren 30 bis 40 Aktiven eindrucksvoll beweist. Auch hinsichtlich der Zusammensetzung ist eine enorme Vielfalt festzustellen. In Attac-Gruppen engagieren sich weißbärtige Männer in den Sechzigern ebenso wie 16-jährige Schülerinnen und politische Neulinge neben Alt- und Allroundaktivisten. Unterstützt werden die Gruppen denn auch von ganz unterschiedlichen Institutionen, wie beispielsweise den Weltläden, Kulturinitiativen, verd.i-Gruppen, Kirchen, sozialistischen Gruppen oder Parteien.

Manche Attac-Gruppen konzentrieren sich auf einige wenige Schwerpunkte, andere haben eine weite thematische Auffächerung. Globalisierung und Krieg war während des Irak-Krieges ein Thema, mit dem sich ausnahmslos alle Gruppen beschäftigten. Auch der Kampf gegen GATS, das Dienstleistungsabkommen in der WTO, ist in den meisten Gruppen verankert. Viele Gruppen beschäftigen sich darüber hinaus mit dem anstehenden »Ausverkauf« kommunaler Einrichtungen, insbesondere mit dem so genannten Cross-Border-Leasing. Das Thema Atomkraft und transnationale Energiekonzerne wird hingegen vor allem im Wendland thematisiert, während Gruppen aus Freiburg und dem Markgräfler Land sich mit Globalisierung und Landwirtschaft intensiv auseinander setzen. In Berlin beschäftigt sich eine AG mit dem Thema Demokratieabbau, Lesegruppen widmen sich globalisierungskritischer und neoliberaler Literatur, Argumentations-AGs versuchen klare Diskussionslinien herauszuarbeiten. In Düsseldorf agieren aktive KünstlerInnen in einer Kulturinitiative und in München, Göttingen und Freiburg gestalten Gruppen Radioprogramme mit. Zunehmend entstehen AGs, die sich mit ökologischen Fragen im Zeitalter der Globalisierung auseinander setzen ebenso wie AGs, die sich mit der EU und internationalen Institutionen wie der WTO, dem IWF oder der Weltbank beschäftigen. Auch Fragen der Solidarität und der sozialen Gerechtigkeit werden in einigen Gruppen bearbeitet.

Strukturell werden sich die Gruppen immer ähnlicher. Sie bestehen meist aus einem lokalen Koordinierungskreis, der die Gruppen von organisatorischen Aufgaben entlastet und bündelnde sowie vorbereitende Funktionen hat. Inhaltlich arbeitende oder projektbezogene AGs ermöglichen es vielen Interessenten, sich in die Arbeit vor Ort aktiv einzubringen. Das Plenum dient allen Gruppen als Ort des Austausches und der gemeinsamen Abstimmung, auch wenn es manchmal abenteuerliche Dimensionen annimmt.

Gruppengründung

Attac-Gruppen werden von Lust am Engagement, Willen zu politischer Veränderung und ehrenamtlichem Einsatz getragen. Bei der Gründung einer Gruppe gibt es wenig Formalien zu beachten. Gemeinsame Basis sind die offiziellen Erklärungen und das Selbstverständnispapier von Attac, die auch in diesem Buch zu finden sind. In der Schwerpunktsetzung sind die Gruppen autonom. Ein zentraler Aspekt muss bei der Gründung einer Gruppe allerdings gewährleistet sein: Vielfalt ermöglichen. Attac ist und bleibt ein breites Bündnis sehr unterschiedlicher Menschen und Organisationen. Das erfordert bereits im Vorfeld, auf die unterschiedlichsten Gruppen zuzugehen, sie zu ermuntern mitzumachen, Räume so auszuwählen, dass sich keine Gruppierung ausgeschlossen fühlt, und bei der Themensetzung und -formulierung darauf zu achten, dass sich alle Teile integriert sehen.

Nach einem Gründungsinitiativentreffen bietet sich die Organisation einer öffentlichen Gründungsversammlung an, zu der ein/e ReferentIn von Attac eingeladen werden kann (s. das Kapitel über den ReferentInnenpool). Bei Gruppengründungen, bei allen Problemen, Wirren des Alltags und politischen Erfolgen gibt es Unterstützung vom Attac-Bundesbüro. Dort werden sowohl Tipps zu Aktionen, Kongressvorbereitungen und Gruppenprozessen gegeben als auch Rechtsfragen geklärt. Zudem versucht das Bundesbüro, Bedürfnisse in den Gruppen zu erkennen und darauf zu reagieren. Beispielsweise mit Regionalkonferenzen, die eine lebendige Integration der Attac-Gruppen in bundesweite Kampagnen ermöglichen, oder mit der SchlichterInnengruppe, die die Gruppen bei Konflikten unterstützen kann, mit Seminarangeboten zur Professionalisierung der eigenen Gruppenarbeit, Aktionscamps oder mit regionalen Austauschtreffen.

Das durch Bücher, Vorträge und Konferenzen erarbeitete Wissen bleibt nicht in den Köpfen der Einzelnen verschlossen. Um eine breitere Öffentlichkeit für Attac-Ziele zu gewinnen, werden die Themen kreativ und entschlossen auf die Straße getragen.

Dabei sind nicht nur die ungezählten Demonstrationen, Kundgebungen und Lichterketten gegen den Krieg zu nennen. Durch Bürgerbegehren, Aktionen, Besuche bei Gemeinderatssitzungen und Infostände intensiviert sich die Auseinandersetzung um den kommunalen »Ganzjahres-Schlussverkauf«, auch Cross-Border-Leasing-Geschäfte genannt. In zahlreichen Städten haben es Attac-Gruppen geschafft, diese vermeintlichen Blütenträume platzen zu lassen.

Mit globalisierungskritischen Stadtrundgängen, Kartoffel- und Milchaktionen in Supermärkten, globalen Weinproben sowie einzelnen gezielten Boykottaktionen betonen Attac-Gruppen immer wieder die Macht der KonsumentInnen in unserer internationalisierten Welt.

Das GATS, eigentlich Stoff für viele Uni-Vorlesungen, hat es durch zahlreiche Aktionen auf die Straßen und in die Köpfe der Bevölkerung und der Journalisten geschafft, Innenstädte wurden symbolisch privatisiert, die Botschaft Monetaniens öffnete ihre Tore auf dem Alexanderplatz, 300 000 Protestpostkarten und ungezählte Briefe wurden an lokale Abgeordnete und JournalistInnen verschickt, und in München wurden gar der Stachus und das Karlstor an Private veräußert. Mit Straßentheater-Aktionen wie der Eröffnung der ersten Hamburger Steueroase auf der Außenalster oder den platzenden Pensionsfonds wurden selbst trockene Wirtschaftsthemen eingängig in den Innenstädten problematisiert.

Neben Aktionen findet jeden Monat in allen Städten, in denen Attac-Gruppen verankert sind, meist mehr als eine öffentliche Informationsveranstaltung, Konferenz, Podiumsdiskussion oder ein Workshop statt. Dadurch schafft es Attac, Themen zu kommunizieren und auf die politische Agenda zu heben, die andere lieber ins Dunkel verbannt hätten.

Ein Blick in die Zukunft

Vor Attac liegen viel Arbeit und diverse Fallgruben. Diese konstruktiv anzupacken und zu überspringen stellt die zentrale Herausforderung da. Die vielfältige Zusammensetzung der Attac-Gruppen stellt nicht wenige vor eine gewaltige Zerreißprobe. Die Vielfalt zusammenzuhalten und sie konstruktiv weiterzuentwickeln ist nicht selten äußerst konfliktträchtig. Es erfordert, unterschiedliche Positionen zuzulassen, konstruktive Auswege zu finden und das eigene Verhalten immer wieder kritisch zu überdenken. Es bedeutet nicht selten ein Abweichen von den eigenen Positionen, das Zulassen anderer Ideen, die Zusammenarbeit mit anderen Menschen, die den eigenen Lebensweg sonst nicht kreuzen würden.

Damit eng verbunden ist auch die organisatorische Konsolidierung. Dies gilt vor allem im Hinblick auf Kommunikationserfordernisse, die Integration von neuen Interessenten, Mitgliedern und AGs sowie auf die Frage nach Verbindlichkeit in ehrenamtlichen Strukturen. Zudem gilt es, Aktionen als zentrales Aktivitätsfeld auszuweiten. Durch Aktionen können Bilder geschaffen werden, die in den Köpfen der Menschen hängen bleiben. Durch symbolische Zuspitzung und Präsenz vor Ort kann ein starker Druck auf die Gegner in Wirtschaft und Politik aufgebaut werden. Gerade Attac-Gruppen haben die Möglichkeit, Forderungen mit Nachdruck in die lokalen politischen Auseinandersetzungen einzubringen.

Und des Weitern geht es darum, politische Erfolge zu organisieren. Das Festlegen von erreichbaren und konkreten politischen Zielen hilft, eine Strategie zu entwickeln, mit der die Ziele erreicht werden können. Das bedeutet häufig auch eine Bündelung der Kräfte auf wenige Themen und Kampagnen.

Astrid Schaffert

5 Schaltzentrale Bundesbüro

Zunächst wurde Attac von Verden aus »gemanagt«, wo eine kleine Gruppe von GründerInnen im dortigen Ökozentrum agierte, unterstützt von bezahlten HelferInnen und einzelnen Profis. Die wachsende Mitgliederzahl und das steigende öffentliche Interesse verlangten Ende 2002 nach Veränderung: Zum 1. Januar 2003 wurde das Attac-Bundesbüro in Betrieb genommen. Als Standort ist Frankfurt am Main, die symbolische Heimat der »Macht des Geldes«, ausgewählt worden. Für die notwendige Professionalisierung ist – nach sorgfältiger Auswahl durch die Ko-Kreis-Kommissionen – ein Team von acht Hauptamtlichen eingestellt worden. Deren Hauptaufgabe liegt darin, die Arbeit der ehrenamtlich Aktiven in den Gruppen und Gremien zu unterstützen und die verwaltungstechnische Infrastruktur sicherzustellen. Es ist kein »Politbüro« und keine Entscheidungszentrale, sondern eher eine Schaltzentrale, die für Kommunikation, Verbindung und Verwaltung in unserem vielschichtigen Netz sorgt.

Die Arbeit des Büroteams wird regelmäßig mit der Büro-AG des Ko-Kreises, die aus vier Mitgliedern besteht und rotierend besetzt wird, abgesprochen, so dass alle Ko-Kreis-Mitglieder einen Überblick über die Aktivitäten haben. Die Pressearbeit wird in enger Abstimmung mit der Presse-AG organisiert und haushaltsrelevante Finanzentscheidungen trifft die Finanz-AG des Ko-Kreises. Die fest angestellten Beschäftigten haben kein Vetorecht in den Gremien. Neben den Hauptamtlichen arbeiten regelmäßig bis zu zehn freiwillige MitarbeiterInnen und PraktikantInnen im Bundesbüro, die viel zur Lebendigkeit, zur Transparenz, zum Austausch und nicht zuletzt zur Entlastung beitragen. Fixpunkt für alle sind die 14-tägigen Büroteam-Treffs, zu denen wir jeweils einen Gast für ein Themenreferat einladen, um uns so weiterzubilden.

Folgende Arbeitsbereiche sind derzeit im Bundesbüro hauptamtlich besetzt:

Öffentlichkeitsarbeit, Verwaltung, Drittmittel, Finanzbuchhaltung, Geschäftsführung mit Finanzreferat, Gruppen- und Aktionsunterstützung und Presse- und Medienarbeit. Mit dieser Crew können nicht alle Aufgaben erfüllt werden und ohne die regelmäßige Unterstützung durch Computerexperten, die von Anfang an ehrenamtlich mitarbeiten, wäre das Bundesbüro gar nicht funktionsfähig. Darüber hinaus gibt es z. B. für die Rundbrief-Redaktion erfahrene MitarbeiterInnen mit geringfügigen Beschäftigungsverhältnissen und Honorarkräfte, die größere Projekte wie die Sommerakademie überhaupt erst möglich machen.

Sabine Leidig

Postadresse des Bundesbüros:

Attac Deutschland
Münchner Str. 48
60329 Frankfurt
Telefon: 069-900 281 100

Spenden:

share e. V.
Konto-Nr.: 800 100 800
GLS Gemeinschaftsbank
BLZ: 430 609 67

6 Weder Parteitag noch »Sit-in« – Der Ratschlag

Der Ratschlag ist das höchste bundesweite Gremium bei Attac und tagt zweimal jährlich. Er diskutiert die wesentlichen Themen, die Attac betreffen, und legt Grundlagen für die gemeinsame Arbeit fest. Ist er also so etwas wie der Parteitag von Attac? Nur bedingt! Jeder und jede darf teilnehmen und mitdiskutieren, egal ob Attac-Mitglied oder nicht. Abstimmungen wie auf einem Parteitag spielen dabei eine untergeordnete Rolle, der Ratschlag entscheidet im Konsens. Attac ist ein basisdemokratisches Netzwerk. Jede Gruppe kann ohne Beschluss »von oben« autonom – im Rahmen des Attac-Konsenses – über Aktionen und Themen entscheiden. Nur über das, was alle oder sehr viele betrifft, wie beispielsweise Schwerpunktthemen (für die dann auch die knappen finanziellen und personellen Ressourcen eingesetzt werden) oder Kampagnen, wie die gegen das GATS, entscheidet der Ratschlag. Denn dabei ist es wichtig, dass sie von vielen Aktiven getragen werden und niemand wesentliche Bedenken dagegen hat.

Kann das funktionieren? Es gibt kein Naturgesetz, aus dem hervorgeht, ob das funktioniert oder nicht. Es liegt vielmehr in der Verantwortung von allen, das Konsensprinzip weiter zu pflegen und weiterzuentwickeln und damit so umzugehen, dass es die Arbeitsfähigkeit von Attac fördert und nicht behindert.

Auf dem Ratschlag im Mai 2002 in Frankfurt wurde die »Frankfurter Erklärung« beschlossen, die die politische Grundlage für Attac bildet. Sie kritisiert die neoliberale Globalisierung, die von den internationalen Organisationen wie WTO und IWF bewusst vorangetrieben wird, und schlägt Alternativen vor. Wie diese Alternativen aussehen, dafür gab es bei den etwa 800 Teilnehmenden des Ratschlags ganz unterschiedliche Vorstellungen, beschlossen wurde nur das, womit alle einverstanden sind. Das ist beispielsweise eine Steuer auf internationale Finanztransaktionen (Tobin-Steuer), die Lösung der Schuldenkrise der Entwicklungsländer und die Ablehnung der Privatisierung öffentlicher Dienste. Auf demselben Ratschlag wurde auch die neue Organisationsstruktur beschlossen. Auf dem ersten Ratschlag im Januar 2000 (damals noch als »Netzwerk zur demokratischen Kontrolle der Finanzmärkte«) hatten etwa 120 Menschen teilgenommen, danach eher weniger, bis Mitte 2001 die Zahl der Attac-Mitglieder nach den Ereignissen von Genua explosionsartig anstieg. Wie kann man unter diesen Bedingungen arbeitsfähig und trotzdem basisdemokratisch bleiben? Um das zu klären, hatte der Ratschlag im Oktober 2001 eine Struktur-Arbeitsgruppe eingesetzt. Umstritten war vor allem das Delegiertenprinzip: Soll weiterhin jeder und jede mit abstimmen dürfen? Oder muss ein Delegiertenprinzip eingeführt werden, um zu gewährleisten, dass alle Regionen gleichmäßig an der Entscheidungsfindung beteiligt sind, unabhängig davon, ob der Ratschlag in München oder in Hamburg tagt? Der Frankfurter Ratschlag entschied sich schließlich dafür, dass nach wie vor jede und jeder teilnehmen, mitdiskutieren und abstimmen darf, einige wenige Entscheidungen, wie Wahlen und der Haushaltsplan, aber Delegierten vorbehalten werden. Weiterhin entschloss sich der Ratschlag, den Attac-Rat als neues Gremium einzuführen.

Für kontroverse Diskussionen sorgte beim Ratschlag im Januar 2003 in Göttingen eine »Gemeinsame Erklärung«, die der Attac-Ko-Kreis zusammen mit dem DGB und dem NGO-Netzwerk VENRO unterzeichnet hatte. Es wurde kritisiert, dass diese Erklärung in etlichen Teilen nicht dem Konsens von Attac entspricht, und dem Ko-Kreis wurde vorgeworfen, bei dieser Entscheidung die Basis übergangen zu haben. BefürworterInnen der Erklärung betonten, dass es ein Bündnispapier sei, bei dem alle Seiten Abstriche machen müssten, und dass die »Frankfurter Erklärung« von 2002 nach wie vor Grundlage für Attac sei. Im Konsens wurde beschlossen, dass künftig mit solchen Fragen sensibler umgegangen werden muss und nur der Ratschlag grundlegende Entscheidungen treffen darf.

Solch schwerwiegende Themen sind aber nicht die einzige Aufgabe des Ratschlags. Er dient auch dem Austausch, der Weiterbildung und dem Kennenlernen. Von der GATS-Kampagnenplanung über das WebmasterInnentreffen bis hin zum Theater-Workshop ist für jede und jeden etwas geboten. Künftig wird es einmal jährlich einen Ratschlag geben, der mit Gremienwahlen und Schwerpunktsetzungen gefüllt ist, und einen, der stärker der Vernetzung und dem Erfahrungsaustausch dient.

Gitti Götz

7 Der Koordinierungskreis

Die Arbeit und Zusammensetzung des Attac-Koordinierungskreises entspricht den zwei Gesichtern von Attac: Ein Netzwerk von unterschiedlichen Organisationen auf der einen Seite und eigene Mitglieder auf der anderen. Der Koordinierungskreis hat 21 Mitglieder: Zwölf VertreterInnen von Attac-Gruppen, sechs von Mitgliederorganisationen und drei von bundesweiten Arbeitszusammenhängen (z. B. AGs).

Gewählt werden die VertreterInnen der Attac-Gruppen und der bundesweiten Arbeitszusammenhänge einmal jährlich auf dem Ratschlag. Die Attac-Gruppen bestimmen dort ihre VertreterInnen in vier Regionalversammlungen (West, Ost, Nord und Süd), und die Mitgliedsorganisationen werden durch die ebenfalls auf dem Ratschlag stattfindende Versammlung der Organisationen bestimmt. So kann gewährleistet werden, dass im sogenannten Ko-Kreis alle wichtigen Gruppierungen und Meinungen vertreten sind. Der Koordinierungskreis entscheidet über alle politischen Fragen im Konsens. Ohne dieses Prinzip würde Attac schnell in seine verschiedenen »Meinungsdorfer« zerfallen.

Derzeit sind folgende Gruppen im Koordinierungskreis vertreten:

▶ Attac-Gruppen

Berlin, Frankfurt/M., Freiburg, Hannover, Köln, Magdeburg, München, Wuppertal (aufgrund des Wahlverfahrens kann es passieren, dass Gruppen doppelt vertreten sind)

▶ Organisationen

- Berliner Landesarbeitsgemeinschaft Umwelt und Entwicklung (BLUE21),
- BUNDjugend,
- DGBjugend,
- Europäische Märsche gegen Erwerbslosigkeit und Ausgrenzung (Euromärsche),
- Informationsstelle Lateinamerika (ila),
- Weltwirtschaft, Ökologie und Entwicklung (WEED)

▶ Bundesweite Arbeitszusammenhänge

- AG WTO und Welthandel
- Frauennetz Attac
- AG Soziale Sicherung

Die bundesweiten Arbeitszusammenhänge und Organisationen bestimmen ihre VertreterInnen selbst. Das Mandat des Koordinierungskreises wurde vom Ratschlag nie genau festgelegt. Inzwischen hat sich zwischen dem Rat und dem Ratschlag eine gewisse Arbeitsteilung herausgebildet. Beim Ratschlag in Aachen (Oktober 2003) wurde – auf Antrag der Attac-Gruppe Leipzig – die folgende Aufgabenbeschreibung beschlossen:

Wichtigste Aufgabe des Koordinierungskreises ist die Organisation der inhaltlichen Debatte innerhalb von Attac Deutschland, der Erarbeitung gemeinsamer, konsensfähiger Positionen und des Zusammenwirkens der verschiedenen Gliederungen.

Darüber hinaus unterstützt er die Gliederungen bei ihrer Arbeit und organisiert den internen Kommunikationsfluss und die Durchführung bundesweiter Aktionen. Er ist für organisatorische Belange wie Mitgliederverwaltung, Finanzen, hauptamtliche MitarbeiterInnen, Materialversand usw. verantwortlich. Zu diesem Zweck wird das Büro vom Koordinierungskreis eingesetzt und kontrolliert.

Der Koordinierungskreis vertritt innerhalb von Attac Deutschland konsensfähige Positionen auf Grundlage der Beschlüsse von Ratschlag und Rat nach außen. Er ist nicht ermächtigt, eigenständig politisch wegweisende Entscheidungen zu treffen oder Positionen zu bestimmen. Der Koordinierungskreis ist Attac Deutschland insgesamt rechenschaftspflichtig, insbesondere dem Ratschlag gegenüber. Er hat für größtmögliche Transparenz seiner Arbeit zu sorgen und unaufgefordert über deren wesentliche Inhalte zu informieren und diese zur Diskussion zu stellen.

Der Ko-Kreis trifft sich monatlich für einen Tag. Die aktive Mitarbeit ist mit einem erheblichen Zeiteinsatz (etwa 20 Stunden pro Woche) verbunden. Er ist also vor allem ein Arbeits- und nicht so sehr ein Entscheidungsgremium. Um die Treffen nicht zu überfrachten, sind viele Aufgaben unter den Mitgliedern fest aufgeteilt. Dabei gilt, dass die Delegation von Aufgaben intern Konsens sein muss. Es gibt mehrere feste Arbeitsgruppen: z. B. Büro-AG, Finanz-AG, AG-Internationales und die Presse-AG. Auf den Treffen werden meist aktuelle politische Themen diskutiert und daraus resultierende Aktivitäten geplant. In der Regel werden auf den Sitzungen jedoch hauptsächlich kleinere Entscheidungen und Berichte diskutiert. Politische Schwerpunkte und der Haushalt werden vom Ratschlag bzw. vom Rat beschlossen und selbstverständlich kann der Ratschlag jederzeit eine Entscheidung des Ko-Kreises korrigieren.

Sven Giegold/Lena Bröckel

8 Der Rat

Der Rat wurde erstmals auf dem Ratschlag in Frankfurt am Main im Mai 2002 gewählt. Der Wahl und der Einsetzung eines neuen Gremiums ging im Frühjahr 2002 eine ausführliche Strukturdebatte voraus. Die Diskussion um die regionale Zusammensetzung des Rates, die quantitative Gewichtung der Mitgliedsorganisationen und der Vertreter der Regional- und der Ortsgruppen sowie die dem Rat zugedachten Aufgaben wurde kontrovers geführt. Der in der Debatte gefundene Konsens wurde vom Ratschlag getragen und drückt sich im Ergebnis der Wahl aus.

Der Rat setzt sich zusammen aus den jeweiligen sechs VertreterInnen aus den Regionen West, Ost, Nord und Süd, den VertreterInnen des bundesweiten Attac-Koordinations-Kreises und den VertreterInnen aus bundesweiten Arbeitsgemeinschaften sowie den VertreterInnen von 12 Mitgliedsorganisationen. Der Rat wird gebildet von ca. 58 Aktivistinnen und Aktivisten.

Das erste Treffen fand im Juli 2002 in Kassel statt. Im Zentrum der Diskussion stand das Ringen um ein Selbstverständnis für die Aufgaben des Rates. Das Protokoll hält drei Schwerpunkte fest: Den Informationsfluss zwischen den Ortsgruppen und dem Koordinationskreis zu bündeln, die Probleme und Stimmungen vor Ort weiterzugeben, Initiativen aufzugreifen und die Vernetzung der Attac-Strukturen voranzubringen. Der Rat diskutiert und entwirft in Rückkopplung mit den Ortsgruppen und dem Koordinationskreis langfristige Strategien für Attac Deutschland. Die Veröffentlichung von bundesweiten Attac-Positionspapieren und -Erklärungen wird vom Rat begleitet. Als weiterer

Schwerpunkt ist die Entlastung des Koordinationskreises angestrebt. Der Kasseler Ratssitzung folgten eine in Frankfurt, eine zweitägige Klausurtagung in Bielefeld und weitere Sitzungen in Frankfurt und Hannover.

Im September 2002 wurden Strategievorschläge im Rat diskutiert und 2003 von Attac umgesetzt. Die GATS-Kampagne und die Aktivitäten gegen den (damals drohenden) Irak-Krieg wurden Schwerpunktthemen. Der Rat hat die Vorbereitung des Ratschlages in Göttingen im Januar und in Aachen im Oktober 2003 übernommen und durchgeführt. Arbeitsgruppen sind an den Vorarbeiten für nationale und internationale Aktivitäten (ESF in Florenz und Paris, Evian, Kongresse und Sommerakademien) beteiligt.

Ein weiterer Schwerpunkt der Ratsarbeit ist die Anerkennung bundesweiter Arbeitsgruppen. Bundesweite Arbeitsgruppen, die einen thematischen Schwerpunkt haben, stellen sich im Rat mit ihrem Programm vor, können ihre Anerkennung als eigenständige Arbeitsgruppe erlangen und sind nun berechtigt, im eigenen Namen Erklärungen abzugeben und Veröffentlichungen vorzunehmen.

Der Rat ist stetig bemüht, den Informationsfluss zwischen den Menschen in und außerhalb von Attac, zwischen den Gremien und Organisationen zu verbessern. Dies ist nicht immer gelungen, ist aber als Problem erkannt.

Der Rat hat auch die Schwerpunktthemen für das Jahr 2004 inhaltlich diskutiert und an die Attac-Öffentlichkeit, an Ortsgruppen und an den Aachener Ratschlag weitergegeben. Zwei Kampagnenschwerpunkte sind für dieses Jahr vorgesehen: Die massiven Eingriffe in die sozialen Sicherungssysteme (Gesundheit, Arbeit und Rente – wurden vom Rat schon im Jahr 2002 behandelt und werden jetzt als Kampagne weitergeführt) und die WTO. Zudem soll das

Thema EU-Verfassung in die Schwerpunktthemen mit einfließen.

Der Rat ist auf dem Ratschlag in Aachen neu gewählt worden. Es ist noch zu früh, um eine abschließende Bewertung der Ratsarbeit vorzunehmen. Das Gremium ist noch relativ jung, die Aufgabenstellung umfangreich und die Anforderungen an eine strategische Ausrichtung der politischen Arbeit von Attac sind enorm, da die politische Bewegung in Deutschland in den letzten Jahren zwar wieder erstarkte, aber Schwankungen unterworfen ist. Dennoch muss festgehalten werden, dass gerade in der strategischen Ausrichtung von Attac und in der Koordination der Attac-Gremien noch Defizite auszumachen sind. Die Aufgabenteilung zwischen Rat und Koordinationskreis ist nicht wirklich gelöst. Die inhaltliche und organisatorische Arbeit zwischen den Ratssitzungen ist schwerfällig und die Effizienz läßt manchmal zu wünschen übrig. Der Informationsfluss in und aus den regionalen und örtlichen Gruppen ist nicht optimal und bei der stetig steigenden Zahl von Ortsgruppen auch nicht zu bewältigen. Eine kritische Analyse der bisherigen Arbeit des Rates wird fortgesetzt. Es hat sich aber auch gezeigt, dass der Rat seinen Platz innerhalb von Attac gefunden hat. Die anfänglichen Probleme scheinen überwunden und der neugewählte Rat hat in seiner ersten Sitzung deutliche Signale für eine konstruktive und inhaltsstarke Arbeit gesetzt.

Hardy Krampertz

9 Die Rechtsträger und die Finanzen

Geld ist Macht! – Das weiß man nirgends besser als bei Attac. Für uns leiten sich daraus drei Punkte ab:

▶ 1. Ohne Geld kein Einfluss

Auch wenn unsere Kraft vor allem aus der ehrenamtlichen Arbeit, den Aktionen, Demonstrationen und der Pressearbeit kommt: Auf eine Finanzierung von Flugblättern, Kommunikationsmitteln, Porto und Personal kann auch Attac nicht verzichten.

▶ 2. Geld macht abhängig

Im Grunde stellt sich für jede Organisation weniger die Frage danach, ob, sondern viel mehr die Frage danach, von wem sie sich finanziell abhängig macht. Selbst kapitalismuskritischste Mitglieder von Organisationen sind nicht völlig unabhängig. So können sie die eigenen Geldgeber öffentlich nicht über ein bestimmtes Maß hinaus bekämpfen bzw. kritisieren. Anders ausgedrückt und mit den Worten von Walther von der Vogelweide: »Wes Brot ich ess, des Lied ich sing.«

Bei Attac haben wir uns ganz bewusst dafür entschieden, dass Einzelmitglieder und SpenderInnen die Hauptfinanzierungsquelle bilden, denn damit wird die finanzielle Abhängigkeit auf viele einzelne Unterstützer verteilt. Derzeit stammen unsere Einnahmen zu ca. ⅔ aus Spenden und Mitgliedsbeiträgen, wobei letztere nur einen verschwindend kleinen Anteil ausmachen (ca. 1–2 %). Diese Finanzierung erlaubt uns die größtmögliche Unabhängigkeit, erfordert aber auch, dass möglichst viele sich daran beteiligen. Zudem ist es wichtig, dass wir die Finanz-Thematik nicht einfach meiden sondern, direkt um Unterstützung, Mitgliedschaft oder Spenden bitten.

Bezüglich staatlicher oder privater Zuschüsse gibt es bei Attac keine Grundsatzbeschlüsse. Es muss im Einzelfall abgewogen werden, wie die jeweiligen Bedingungen der Geldgeber sind. Unter den bisherigen ZuschussgeberInnen für Attac sind u. a. die Stiftung Nord-Süd-Brücken, die Stiftung Umverteilen, das Arbeitsamt, Organisationen der ev. und kath. Kirchen, die Friedrich-Ebert-, Heinrich-Böll- und Rosa-Luxemburg-Stiftung. Grundsätzlich ist es Attac wichtig, über ein breites Spektrum von Geldgebern zu verfügen, so dass keine Abhängigkeiten entstehen.

▶ 3. Der Umgang mit Finanzen muss demokratisch kontrolliert werden

»Geld ist Macht« gilt natürlich auch innerhalb Attacs. Für uns heißt das zweierlei: Einerseits muss der formal korrekte Umgang mit den Geldern gewährleistet sein, also sichergestellt sein, dass alle Zahlungen ordentlich belegt werden und mit den Haushaltsbeschlüssen übereinstimmen. Hierzu gibt es zwei interne RechnungsprüferInnen und eine externe Wirtschaftsprüfung. Außerdem sind wir aufgrund der Gemeinnützigkeit auch dem Finanzamt gegenüber rechenschaftspflichtig. Die politische Kontrolle über den vom Ratschlag beschlossenen Haushalt und dessen Umsetzung liegt beim Koordinierungskreis, der hierfür eine Finanz-AG eingerichtet hat, die die administrativen Arbeiten im Büro durch Buchhaltung und Finanzreferat begleitet und kontrolliert.

Andererseits ist uns wichtig, dass Entscheidungen über die interne Verteilung von Geldern gerecht getroffen werden. Dabei soll die größtmögliche Autonomie der einzelnen Kampagnen, AGs und Attac-Gruppen gewährleistet sein, so dass die verschiedenen AGs und Kampagnen die ihnen zur Verfügung gestellten Mittel weitgehend eigenständig verwalten können. Um die finanzielle Eigenständigkeit der Gruppen zu gewährleisten, entfallen auf jede Gruppe ein fester Anteil (derzeit 30 %) der in ihrem Gebiet anfallenden Mitgliedsbeiträge und alle Spenden, die in ihrem Namen auf den Konten eingehen. Die Ausgaben der Gruppen müssen selbstredend ordentlich belegt werden und den Zielen des Vereins dienen. Zusätzlich gibt es einen sogenannten »Feuerwehrtopf«, in den 4 % der Mitgliedsbeiträge einfließen (2004 ca. 20 000 €) und aus dem Gruppenaktivitäten auf Antrag schnell finanziert werden können.

share e. V. und Attac

Als Attac gegründet wurde, haben wir ganz bewusst die Struktur- und Satzungsdebatten erst einmal zurückgestellt, um uns auf die eigentliche inhaltliche und organisatorische Arbeit konzentrieren zu können. Daher wurde kein eigener Verein gegründet, sondern Attac konstituierte sich als Projekt im Rahmen des Vereins »share e. V.« – share stellt daher auch die Spendenquittungen aus und ist Ansprechpartner für die Banken. Bei der inzwischen erreichten Größe erscheint es allerdings sinnvoller, das Projekt Attac aus share herauszulösen. 2003 hat der Ratschlag in Aachen daher beschlossen, einen eigenen Verein, den »Attac Trägerverein e. V.«, zu gründen, der das Projekt übernehmen wird. Da viele Mitglieder von Attac eine Abneigung gegen Vereine hegen, ist beschlossen worden, nicht alle Attac-Mitglieder zu Vereinsmitgliedern zu machen. Diese werden vielmehr Fördermitglieder, während nur die Mitglieder des Attac-Rats Vereinsmitglieder im eigentlichen Sinne werden. Dadurch wird auch sichergestellt, dass der Attac-Trägerverein sich nicht von Attac entfernen kann.

Auch als Zeichen der Transparenz finden sich ständig aktuelle Informationen zu den Finanzen unter www.attac.de/interna/finanzen.php

Oliver Moldenhauer

Teil V

Einig in der Vielfalt – Bundesweite Arbeitszusammenhänge

1 Zum Verständnis komplizierter Zusammenhänge: Der wissenschaftliche Beirat

Das Selbstverständnis

Eine Bewegung mit wissenschaftlichem Beirat – das ist nicht selbstverständlich. Doch für eine globalisierungskritische Bewegung ist er notwendig. Und zwar aus mehreren Gründen. Erstens ist die Distanz zwischen globalen Tendenzen und lokalen Ereignissen so groß und die Ereignisketten sind so komplex, dass der Zusammenhang nicht offensichtlich ist. Er muss wissenschaftlich erarbeitet und aufgezeigt werden. Wir ahnen mehr, als wir von den Zusammenhängen zwischen Finanzkrisen und Arbeitslosigkeit, zwischen Energiemodell und Produktions- und Lebensweise hier und Krieg ums Öl im Irak und anderswo wissen. Der Kontext lokaler Politik reicht in den globalen Raum, und dies lässt sich nur wissenschaftlich aufarbeiten.

Zweitens ist Globalisierung nicht nur, aber vor allem, ökonomische und finanzielle Globalisierung. Daher ist es notwendig, die ökonomischen Zusammenhänge zu verstehen, also so etwas wie eine »ökonomische Alphabetisierungskampagne« (Bourdieu) gegen die neoliberalen Erklärungsmuster und deren Hegemonie zu leisten. Natürlich kann so etwas niemals nur theoretisch und durch wissenschaftliche Arbeit erfolgen, sondern immer im Bezug auf politische Praxis. Wissenschaftliche Arbeit gewinnt nicht an Nutzen, wenn sie den sowieso nicht einhaltbaren Prinzipien der Wertfreiheit folgt, sondern wenn sie politisch engagiert und gleichzeitig von den tagespolitischen Anforderungen distanziert erfolgt.

Drittens müssen politische Felder auch im Zusammenhang politischer Kampagnen erschlossen und ausgelotet werden. Das kann nur gelingen, wenn der Beirat nicht nur Beirat ist, sondern sich aktiv in die politische Praxis der Bewegung einmischt und mitmacht, also offen für die Anforderungen der Bewegung ist und bleibt.

Parteien haben keine wissenschaftlichen Beiräte, sondern ihre Stiftungen, von denen sie mit den notwendigen Analysen versorgt werden, um der Tagespolitik eine Perspektive vermitteln zu können. Der Kampf um politische Hegemonie mit wissenschaftlicher Expertise, mit der Absicht der »Beeinflussung der Köpfe«, wird aber auch von parteiungebundenen Stiftungen, Gesellschaften, Vereinen etc., kurz »think tanks«, geführt, die in den Industrieländern in aller Regel neoliberal orientiert sind. Dagegen und um die neoliberale Hegemonie zu durchbrechen, sind Alternativen zu begründen. Seit einigen Jahren geschieht dies in Porto Alegre als Gegenpol zum Weltwirtschaftsforum, aber auch in den Gegenveranstaltungen, die ebenfalls seit Jahren in Zürich und Davos und anderswo organisiert werden. Ein wissenschaftlicher Beirat hat die Präsenz der Alternative zur neoliberalen Globalisierung zu dokumentieren, die Argumentation, dass eine andere Welt als die neoliberal zugerichtete möglich ist, zu stärken.

Es geht also um diskursives Eingreifen, um Hegemoniegewinn. Gerade ein plural zusammengesetzter wissenschaftlicher Beirat kann dabei sehr produktiv wirken.

Die Themen

Die Themen der Arbeit sind zum Teil aktuell und extern vorgegeben, wie der verbrecherische Krieg gegen den Irak. Man kann sich der Stellungnahme dazu nicht entziehen. Darüber hinaus aber muss der wissenschaftliche Beirat perspektivisch Themen entwickeln, die zu bearbeiten sind. Dazu gehören beispielsweise die Fragen, die mit der Privatisierung öffentlicher Güter aufgeworfen werden müssen: Welches sind die Gründe, ja die Zwänge einer Privatisierung öffentlicher Güter in allen Weltregionen? Welches sind die Effekte für die Versorgung der Menschen, für Beschäftigung und Effektivität, für Preise und Kosten, für Gesundheit und Umwelt? Wie sind verschiedene Dimensionen menschlicher, sozioökonomischer, politischer Sicherheit betroffen und welche Anforderungen an öffentliche Güter ergeben sich aus der Verfolgung einer neuen militärischen Sicherheitsdoktrin (der NATO, der USA) und dem Gewicht, das der »corporate security« beigemessen wird? Wie ist der Zusammenhang zu der Funktionsweise der globalen Finanzmärkte, etwa beim »Cross-Border-Leasing« oder bei der Privatisierung von Rentensystemen? Welche Rolle spielen die Liberalisierungsregeln des GATS für die Tendenzen der Privatisierung öffentlicher Güter? Etc.

Dazu hat ein wissenschaftlicher Beirat über den Aktualitätsbezug hinausreichende Analysen zu liefern, doch ohne mit ihnen den Bezug zur politischen Praxis zu verlieren. Daher wurde beispielsweise von der Arbeitsgruppe »öffentliche Güter« vor dem Europäischen Sozialforum ein Workshop zu den sozioökonomischen Auswirkungen der Privatisierung organisiert, der auf eine aktive Beteiligung an den Arbeiten des Europäischen Sozialforums im November 2003 in Paris zielen sollte. Oder zur Perspektive solidarischer, sozialer Sicherung wurde im Herbst des letzten Jahres ein Reader erarbeitet, der grundlegende Analysen und Alternativen zum Politikansatz der Agenda 2010 zusammenträgt.

Elmar Altvater

2 Das Frauennetz Attac

Eine wesentliche Voraussetzung für den vermeintlichen Siegeszug der neoliberalen Globalisierung sind die bestehenden Geschlechterverhältnisse. Um dies im globalisierungskritischen Kontext sichtbar zu machen und zu verändern, hat sich 2001 das Frauennetz Attac gegründet. Ein wirksames Mittel zur Verschleierung der Geschlechterhierarchie ist, sie als Randproblematik zu definieren und die Folgen der Öffentlichkeit zu entziehen. Es gilt die Arbeits- und Lebensverhältnisse vieler Frauen weltweit als das zu benennen, was sie sind: menschenverachtend.

Zum einen werden Frauen nach wie vor als billige Arbeitskräfte eingesetzt, zum anderen wird ihre Arbeit im Bereich der »Reproduktion« weder wertgeschätzt noch entlohnt. Von der Schwangerschaft, der »Produktion menschlicher Arbeitskraft«, über die Sorge für den Mann, die »Versorgung bestehender Arbeitskraft«, bis zur Pflege der Kinder, Kranken und Gebrechlichen obliegt den Frauen die gesamte Arbeit im Dienste der Lebenserhaltung; zudem die Befriedigung emotionaler und sexueller Bedürfnisse. Ein Großteil der Frauen leistet beides: Familienarbeit und Lohnarbeit, nicht selten unter katastrophalen Bedingungen.

Da die »reproduktive Arbeit« – mehr als die Hälfte der weltweit geleisteten Arbeit – nicht bezahlt wird, bilden Frauen zusammen mit den ebenfalls »kostenlos« zur Verfügung stehenden natürlichen Ressourcen die ökonomische Basis für das gesamte herrschende System. Längst wäre dieses zusammengebrochen, wenn die Arbeit der Frauen angemessen entlohnt, wahrgenommen und für wertvoll erachtet würde.

Die neoliberale Globalisierung verschärft diese Zustände und dehnt sie zudem auch auf große Teile der männlichen Weltbevölkerung aus. Diese Feminisierung, »Hausfrauisierung« (Maria Mies, 1983) der Arbeits- und Lebensumstände hat seit langem begonnen. Die Angst, zu den Armen zu gehören, nimmt auch in unseren Breitengraden zu. In Zeiten hoher Arbeitslosigkeit ist jede potenziell Arbeitswillige eine Konkurrentin. Doch ohnehin werden Frauen vor Männern entlassen. In weitaus größerer Zahl sind sie in so genannten flexibilisierten, wenig bis gar nicht geschützten Arbeitsverhältnissen tätig. In den Freihandelszonen und Billiglohnländern sind junge Frauen allerdings bevorzugte Arbeitskräfte. Die »Reichen« bezahlen viel Geld für die Waren, die ihre Hände für einen Hungerlohn herstellen. Die Gewinn maximierende Ausbeutung erreicht ihren Höhepunkt im »Einsatz« der Frauen und Kinder in der globalisierten Prostitution. Schätzungen zufolge betragen die Gewinne mehrere Milliarden Dollar jährlich.

Ein Meilenstein in der Entwicklung der Menschheit war die Abschaffung der Sklaverei. Im globalisierten Zeitalter ist sie wieder auferstanden. Die neuen »Herren« der Welt sind die transnationalen Konzerne, in ihrem Schatten die organisierte Kriminalität. Ihre Instrumente sind: Kontrolle der Finanzmärkte, Zugang zu Technik und Wissenschaft, vorantreibende Privatisierung auch öffentlichen Eigentums, Deutungshoheit über die Medien und an zentraler Stelle Aufrechterhaltung der Geschlechterhierarchie.

Was tun angesichts dieser Realitäten? Beinahe mag es zynisch klingen, hier Geschlechtergleichheit zu fordern. Muss die Kritik nicht viel tiefer gehen, das gesamte System in Frage gestellt werden? Wie können die Krisen der Gegenwart gerade für Frauen als Chance genutzt werden, Veränderungsprozesse anzustoßen und alternative Wege zu entwickeln?

Das Frauennetz Attac analysiert, kritisiert und veröffentlicht die Folgen der neoliberalen Globalisierung aus Geschlechter-sensibilisierter Sicht.

Die Ausbeutung der Frauen als Basis des herrschenden Systems kann nicht weiter geleugnet werden. Ihre zerstörerische Auswirkung auf die gesamte Menschheit und unseren Planeten ist nicht mehr zu verheimlichen. Der globalisierungskritische Kontext wird genutzt, um diese Erkenntnis in den Mittelpunkt zu setzen.

Überall auf der Welt haben Frauen Alternativen entwickelt und Strukturen geschaffen, die Leben erhalten, Bedürfnisse anerkennen und befriedigen können, ohne »Mehrwert« schaffen zu müssen und ohne Kriege um Ressourcen zu führen. Strukturen, die Menschen zur Einsicht bringen, sorgsam miteinander und mit den Gütern, die uns allen gehören, umzugehen. Das Frauennetz Attac, FNA, sorgt für die Anerkennung, Verbreitung und Vernetzung von Alternativen, die alle Lebensbereiche mit einbeziehen.

Es agiert bundesweit. Lokale Gruppen gibt es bisher in Berlin, Kassel und Köln.

Ilona Johanna Plattner

Kontakt:

frauennetz@attac.de
www.attac.de/frauennetz

3 Kunst oder Politik? Kulturattac!

Warum sind Kunst und Kultur in einer Bewegung wie Attac wichtig? Kultur ist die Basis, auf der jeder von uns täglich Entscheidungen trifft. Kultur ist das Bindeglied der Gesellschaft, das Zusammenhalt schafft. Darum braucht eine andere Welt auch eine andere Kultur.

Es gibt viele Quellen der Kultur, aber Medien, Kunst, Wissenschaft sowie Werbung und Marketing gehören heute zu den wichtigsten. Die Mächtigen und die Konzerne, die die meisten dieser Quellen besitzen oder finanzieren, kontrollieren die Kultur und bestimmen so auch den Rahmen, in dem wir unsere Entscheidungen treffen. Eine alternative Gestaltung von Medien, von Kommunikation, Information, Kunst und Kreativität ist ein Weg zur Befreiung der Menschen aus den starren Strukturen, die die Welt in diese Krise geführt haben. Und diese Befreiung ist das Hauptziel von Kulturattac, einem Netzwerk im Netzwerk von Attac. Zu Kulturattac gehören Akteure und Interessierte aus Bereichen wie Medien, Musik, Theater, Literatur und bildende Kunst: Bands, Schauspieler, Redakteure, Schriftsteller, Bildhauer, Regisseure, Designer, Marketing-Fachleute, Eventmanager und viele mehr. Es ist nicht einfach, Freidenker in einer Bewegung zusammenzubringen und zu halten. Das ist aber genau die Herausforderung und gleichzeitig das Potenzial von Kulturattac. Vieles bei Kulturattac ist noch in der Entstehungsphase und wird gemeinsam weiter entwickelt. Klar sind jedoch die Aufgabenfelder:

Kulturattac will die Ziele der globalisierungskritischen Bewegung mit kreativer Kunst-, Kultur-, Medien- und Kommunikationsarbeit unterstützen. Das bedeutet konkret, dass KünstlerInnen sich in Attac-Projekte einbringen oder eigenständig Aktivitäten entfalten. Kulturattac will weiter einen kreativen offenen Raum schaffen, in dem sich jede und jeder entfalten und selbst verwirklichen kann; durch das Netzwerk können sich auch weniger Erfahrene bei Kulturattac Fachwissen aneignen, das sie kreativ und selbständig für sinnvolle Ziele einsetzen können. Unterschiedlichste Kunstschaffende haben sich von Beginn an bei Attac engagiert, beispielsweise durch die Schaffung von künstlerischen und politischen Plakaten und Postkarten, durch das Zeichnen von Karikaturen, durch Musik, Kabarett und Schauspiel bei Attac-Veranstaltungen, durch Fotos, durch Gestaltung globalisierungskritischer Abende in Schauspielhäusern, durch Solikonzerte, durch das Drehen von Spots und Dokumentarfilmen, etc. So ist beispielsweise ein Sampler entstanden, auf dem 120 Bands aus den USA und aus Europa ihren Protest gegen Kriege ausdrücken. Weitere Aktivitäten werden folgen und wir wollen die Kontakte zu engagierten Leuten aus der Kunst- und Kulturszene intensivieren.

Astrid Schaffert

Kontakt:

www.kulturattac.de
info@kulturattac.de

Ansprechpartner: Davide Brocchi, Jörn Hagenloch

4 Wissen ist Macht – Der ReferentInnenpool

Attac versteht sich unter anderem als Bildungsbewegung.

Nur wenn die Menschen die wirtschaftliche Globalisierung verstehen, wird eine Politik für soziale Gerechtigkeit, Ökologie und Demokratie Wirklichkeit werden können. Ökonomische Zusammenhänge sind auf den ersten Blick schwer durchschaubar. Auf eine klare, verständliche und dennoch differenzierte Darstellung kann man bei den Massenmedien nur hoffen. Daher organisieren die Attac-Gruppen vor Ort eine große Zahl von öffentlichen Veranstaltungen und daher steht ein eigener Attac-ReferentInnenpool bundesweit zur Verfügung. Kompetente und motivierende ReferentInnen erklären allgemein verständlich die Auswirkungen der neoliberalen Globalisierung auf soziale Gerechtigkeit, Entwicklungschancen, Ökologie und Demokratie. Über 1 000 Einladungen zu Veranstaltungen haben wir bereits erhalten. Hierfür haben wir ein breites Vortragsangebot erstellt. In Vorträgen, Streitgesprächen, auf Seminaren, Podiumsdiskussionen und bei Interviews zeigen wir Alternativen auf und machen Mut zum Handeln. Das ReferentInnenteam besteht aus kritischen ExpertInnen zu Fragen rund um Globalisierung, soziale Gerechtigkeit, Wirtschafts- und Entwicklungspolitik. Viele haben zu diesen Themen studiert und/oder engagieren sich schon lange in sozialen Bewegungen.

In unseren Einstiegsvorträgen stellen wir unsere Bewegung vor, bieten eine Einführung in die neoliberale Globalisierung oder in die Thematik der globalisierten Finanzmärkte (Funktionsweise, Folgen, Alternativen).

In spezielleren Vorträgen geht es beispielsweise um folgende Themen:

- Das Dienstleistungsabkommen GATS: WTO-Attacke auf die öffentlichen Dienstleistungen
- Ökonomische Gerechtigkeit und Frieden – was Globalisierung, Terrorismus und Krieg miteinander zu tun haben
- Globalisierung und Sozialabbau: Solidarität ist Gewinn – Gegen die weitere Privatisierung im Sozial- und Gesundheitswesen
- Die Chance »Tobin-Steuer«: Finanzmärkte entschleunigen, Finanzkrisen verhindern, Entwicklung finanzieren
- Die Welthandelsorganisation (WTO) – graue Eminenz der Globalisierung
- Stoppt Steuerflucht: Wie Steueroasen das Steuersystem aushöhlen und was wir dagegen tun können
- Das Weltsozialforum: Mobilisierung, Berichte, Erfahrungen
- Das Europäische Sozialforum
- Die Finanzmisere der Kommunen
- Die Auswirkung der Globalisierung auf Ökologie und Nachhaltigkeit
- Globalisierung aus Frauensicht: Wer trägt die Kosten? Wer leistet Widerstand?
- Globalisierung und Entwicklungsländer – warum die Ungleichheit wächst
- Globalisierung und Rechtsextremismus – die braune Seite der wachsenden Unsicherheit
- Gegen die Privatisierung kommunaler Unternehmen – für die Rückgewinnung sozialer Kontrolle

Sämtliche Vorträge sind allgemein verständlicher Art. Die Veranstaltungen haben variable Länge mit anschließender

Möglichkeit zur Diskussion. Wir diskutieren gerne mit PolitikerInnen oder VertreterInnen der Wirtschaft. Deshalb freuen wir uns auch immer über Einladungen zu Diskussionen mit kontroversen Positionen.

Neben Vorträgen bieten die ReferentInnen, wie bereits angedeutet, auch Workshops und Seminare an, auf denen methodisches Wissen erarbeitet werden kann. Wie sich Pressearbeit gestaltet, wie mit Konflikten innerhalb einer Gruppe umgegangen werden kann, wie eine Diskussion zu moderieren ist, wie die Suche nach Drittmitteln aussehen kann oder wie eine Aktion richtig geplant wird – all das sind Fragen, die auf den Workshops beantwortet werden.

Kontakt:

veranstaltungen@attac.de
Ansprechpartner: Milena Sunnus

5 Konflikte erfolgreich lösen – Die Schlichtergruppe

Wenn Menschen zusammenkommen, gibt es Meinungsverschiedenheiten und Konflikte. Bei Attac kommen sehr viele Menschen zusammen, mit unterschiedlichsten politischen und persönlichen Hintergründen, aus verschiedenen Generationen und nicht zuletzt mit divergierenden Zielen.

Dass es dabei Meinungsverschiedenheiten gibt, ist selbstverständlich. Die Frage ist, wie Attac und Attac-Gruppen mit Konflikten in der Gruppe oder mit einer anderen Gruppe umgehen. Drehen sich Diskussionen im Kreis, sind sie eher kraftraubend als interessant, hört man einander nicht mehr zu, wird Ausredenlassen zum Fremdwort oder wird mehr übereinander geredet als miteinander, blockiert ein Konflikt die ganze Arbeit oder entzieht sich ein Teil der Gruppe dem Prozess, indem er gleich zu Hause bleibt – all das führt nur selten zu einem befriedigenden Ergebnis, ist aber sehr wohl vermeidbar. Auseinandersetzungen gehören zwar zum sozialen Miteinander und zu politischer Gestaltung dazu, sie können helfen, Ziele zu definieren, und sind Chancen, Neues zu entwickeln, aber dazu müssen sie konstruktiv geführt werden. Das ist eine enorme Herausforderung für Attac. Wollen wir gleichberechtigt miteinander arbeiten, sollten Konflikte nicht vertikal strukturiert sein, nach dem Gewinner-Verlierer-(Sieg-Niederlage-)Prinzip. Vielmehr ist der Blick horizontal auf die Interessen der Konfliktparteien zu richten und ein Kommunikationsprozess zu unterstützen, bei dem »win-win-Lösungen« möglich sind.

Dieser Prozess kann meist nur mit einer Moderation durch Außenstehende stattfinden. Sie helfen Konfliktparteien, Lösungen zu finden und Entscheidungen zu treffen, die von beiden Seiten als Gewinn gesehen werden. Im geschützten Rahmen bieten die »Schlichter« eine strukturierte und zeitlich begrenzte Moderation an. Die Moderation hilft, die eigenen Gedanken auszusprechen, ohne Feindseligkeit zu provozieren. Sie ermöglicht ebenso, dem anderen zuzuhören, ohne befürchten zu müssen, dass die eigene Position nicht genügend Gehör findet. So wird es möglich, Konfliktlösungen zu erarbeiten, die die gesamte Gruppe weiterbringen.

Nicht selten existiert bei Attac die Auffassung, man müsse Konflikte innerhalb der Gruppe lösen können, ohne Hilfe von außen. Im politischen Alltag nehmen wir zahlreiche Dienstleistungen in Anspruch, um unseren Zielen näher zu kommen. Keiner druckt Flugblätter alleine, ohne Hilfe von außen. Warum sollen wir dann gerade schwierige Situationen alleine lösen?

In der Schlichtergruppe haben sich qualifizierte MediatorInnen zusammengefunden, die bereit sind, mit Attac-Gruppen vor Ort Termine zu vereinbaren. Darüber hinaus bietet die Gruppe auch Seminare und Trainings in Mediation und gewaltfreier Konfliktvermittlung an. Bestandteile der Seminare sind u. a. Konflikt-Analyse, Deeskalationsmöglichkeiten, aktives Zuhören, Konfliktprävention, Einfühlung, Interventionsmöglichkeiten, Rollenspiele und vieles mehr.

Kontakt:

Armin Torbecke
a.torbecke@jpberlin.de

6 Wenn es brenzlig wird …
Der Attac-Rechtshilfefonds

Immer mehr Gruppen oder einzelne Mitglieder des stetig wachsenden Attac-Netzwerks wollen mit spektakulären, aber gewaltfreien Aktionen auf die Anliegen und Forderungen von Attac aufmerksam machen. Leider hat sich in der Vergangenheit immer wieder gezeigt, dass auch das unliebsame (Rechts-)Folgen haben kann.

Wir wollen die Betroffenen Attacies nicht im Regen stehen lassen, wenn sich Anwalts- und Prozesskosten oder Schadenersatzforderungen summieren, sondern sie finanziell und beratend auffangen.

Da die üblichen Spenden und Mitgliedsbeiträge an Attac nicht für Prozess- und Vertretungskostenhilfe eingesetzt werden dürfen, wurde der Attac-Rechtshilfefonds eingerichtet. Er wird satzungsgemäß von einer Rechtsanwältin betreut.

Kontakt:

rechtshilfefonds@attac.de

attac-Rechtshilfe
GLS Gemeinschaftsbank eg
Kontonummer: 6000 241 100
Bankleitzahl: 43060967
Kontoinhaberin: Irene Wollenberg

7 Ein Überblick über die AGs

1. AG Welthandel und WTO

Die AG Welthandel und WTO beschäftigt sich mit allen Aspekten des Welthandels, von den Abkommen der Welthandelsorganisation bis hin zu der Frage, wie eine neue ökologische und solidarische Weltwirtschaftsordnung aussehen sollte, in der die Ressourcen der Welt gerecht verteilt und ökologisch genutzt werden.

Arbeitsschwerpunkte im Jahr 2003 waren die GATS-Kampagne, die Proteste gegen die Ministerkonferenz der WTO im September in Cancun und das Voranbringen des Arbeits- und Diskussionsprozesses zum Grundsatzpapier »Für eine ökologische und solidarische Weltwirtschaftsordnung«.

Die AG trifft sich alle 2 bis 3 Monate und es wird versucht, die Treffen mit anderen bundesweiten Attac-Treffen zu koppeln (Ratschläge, Sommerakademie). Einmal im Jahr, im Herbst, findet eine Wochenendtagung statt. Für die Arbeit zwischen den Treffen gibt es eine Mailingliste.

Kontakt:

www.attac.de/wto/
welthandel@attac.de

Die AG Welthandel und WTO hat folgende Unter- oder angegliederte AGs:

▶ Die GATS-Kampagne

Ziel der GATS-Kampagne ist der sofortige Stopp der GATS-Verhandlungen.

Durch zahlreiche Veranstaltungen, Aktionen, Seminare, Protesttage und Pressearbeit soll die Thematik um das GATS und seine Folgen in die Öffentlichkeit getragen werden. Dabei geht es der Kampagne vor allem darum, die Verbindung von internationalen Abkommen und den Interessen transnationaler Dienstleistungskonzerne auf der einen Seite zu den konkreten Auswirkungen vor Ort auf der anderen Seite kritisch zu verdeutlichen. Durch Aktionen, z. B. die Veröffentlichung von geheimen Verhandlungspapieren oder groß angelegte Brief- und Postkartensendungen an Abgeordnete, übt die Kampagne Einfluss auf die Verhandlungen aus. Die zahlreichen GATS-AGs in den Ortsgruppen bilden dabei den Kern der Kampagne. Daneben gibt es mehrere bundesweite Projektgruppen zu unterschiedlichen Schwerpunkten, Regionalkonferenzen und unregelmäßige bundesweite Kampagnentreffen zur Kampagnenkoordination.

Kontakt:

GATS-Kampagne c/o BLUE21
Gneisenaustraße 2 a
10961 Berlin
gats-kampagne@attac.de
www.attac.de/gats

▶ Alternative Weltwirtschaftsordnung (AWWO)

Diese AG koordiniert und gestaltet die Arbeit am Grundsatzpapier »Wege zu einer alternativen Weltwirtschaftsordnung« (ursprünglich »Für eine ökologische und solidarische Weltwirtschaftsordnung«). Auf dem Attac-Ratschlag im Januar 2003 wurde der Antrag zu diesem Projekt angenommen. Auf dem Frühjahrs-Ratschlag 2004 ist der Entwurf dieses Papiers abschließend diskutiert und verabschiedet worden.

Kontakt:

www.attac.de/awwo/

Ansprechpartner: Eckhard Stratmann-Mertens
Stratmann-Mertens@gmx.de

2. AG Agrarnetz

Seit dem 29. Juli 2002 besteht ein kleines Netzwerk innerhalb von Attac, das sich mit Agrarfragen beschäftigt. Der thematische Schwerpunkt liegt auf dem Agrarhandel in der WTO.

Die Ziele der AG können folgendermaßen zusammengefasst werden:

- Das Thema »Agrar« auf die Agenda von Attac zu bringen.
- Interne Bildungsarbeit zu leisten, also einen Informationsfluss zwischen Experten und Attac-Aktiven zu ermöglichen.
- Aktionsorientierte Öffentlichkeitsarbeit zu machen: Die Relevanz von Agrarhandel, Grüner Gentechnik, Biopiraterie oder Landreformen ist für alle Menschen essenziell. Es geht zentral um Hunger- und Armutsbekämpfung und um die Frage, wie wir leben wollen.

Durch unsere Aktionen und unsere Bildungsarbeit möchten wir alle am Thema interessierten oder dazu arbeitenden Personen und Gruppen vernetzen, ihnen ein Forum für Agrarfragen bieten und neue »Denkräume« schaffen.

Kontakt:

www.attac.de/agrarnetz/

Ansprechpartner: Paul Buntzel
paul@buntzel.de

3. AK Welthandel und Ökologie

Der Arbeitskreis Welthandel und Ökologie ist ein gemeinsamer Arbeitskreis von BUNDjugend und Attac. Im AK arbeiten junge Leute aus allen Teilen Deutschlands zusammen. Derzeitiger Arbeitsschwerpunkt ist GATS, das Dienstleistungshandelsabkommen der Welthandelsorganisation, und die Auswirkungen, die es auf Mensch und Umwelt haben kann. Der AK tritt dabei vor allem mit Aktionen in Erscheinung.

Kontakt:

www.bundjugend.de
www.ich-bin-gats.de
bundjugend@bund.net

Ansprechpartnerin: Heike Prietzel
Heike.prietzel@gmx.net

4. AK »Für die Stärkung kommunaler Daseinsvorsorge»

Die Website dieses Arbeitskreises, www.privatisierungswahn.de, dokumentiert vergangene und laufende Privatisierungen, sammelt Überlegungen und Theorien zur Privatisierung und geht denen, denen das schon lange zu weit geht, etwas zur Hand, um erfolgreich gegen Privatisierung und deren Folgen zu argumentieren und zu agieren.

Thematische Schwerpunkte sind beispielsweise Bereiche wie Wasser, Cross-Border-Leasing, Bürgerbegehren und Gemeindefinanzen.

Kontakt:

Jürgen Crummenerl
jcrumm@gmx.de

5. EU-AG

Die EU-AG wurde Ende Juli 2002 auf der Sommerakademie von Attac Deutschland in Marburg gegründet. Eines der zentralen Anliegen ist die demokratische Kontrolle von Entscheidungsprozessen innerhalb der EU. Deutschland bleibt als volkswirtschaftlich stärkstes und zugleich bevölkerungsreichstes Mitglied da nicht außen vor.

Die AG setzt sich ein für
- ein Europa des Friedens und der Abrüstung,
- ein Europa ohne die Diktatur der Finanzmärkte,
- ein Europa mit offenen Grenzen und ohne Rassismus,

- ein Europa ohne Arbeitslosigkeit und Armut,
- ein Europa mit gleichen sozialen Rechten für alle,
- ein Europa mit umfassenden Bürger- und Menschenrechten,
- ein Europa der kulturellen Vielfalt.

Um den Zielen näher zu kommen, möchte die AG eine breite Diskussion zu EU-Themen anstoßen, die europäische Dimension in die von Attac bearbeiteten Themen einbringen und eng vernetzt mit anderen Gruppen innerhalb und außerhalb Attacs zusammenarbeiten. Ein wichtiges Anliegen ist die Unterstützung der Regionalgruppen und der anderen AGs bei EU-spezifischen Themen.

Die Schwerpunkte werden zur Zeit auf die Rolle der EU beim Sozialabbau und bei der Militarisierung der Außenpolitik gesetzt. Hierzu wurden zwei Unter-AGs gegründet.

Die Hauptaktivitäten bestehen momentan in der Durchführung von Workshops und Seminaren, die auf Attac-Kongressen und der Sommerakademie stattfinden, und in der Erstellung des dazugehörigen Bildungsmaterials.

Kontakt:

www.attac.de/eu-ag

Ansprechpartner: Stephan Lindner, Berlin
stlindner@ipn.de

Des Weiteren gehören zur EU-AG noch folgende Teilgruppen und Arbeitskreise:

▶ Gemeinsame Europäische Außen- und Sicherheitspolitik, Frieden

Kontakt:

Frauke Thies, Lüneburg
frauke.thies@gmx.de

Elke Zwinge-Makamizile, Berlin
elkezwinge@gmx.de

▶ Wirtschaft und Soziales

Kontakt:

Anne Karrass
annekarrass@web.de

6. AG Globalisierung und Ökologie

Die AG Globalisierung und Ökologie beschäftigt sich mit den Wechselwirkungen zwischen Globalisierung und Umwelt, insbesondere den Auswirkungen der neoliberalen Globalisierung auf Umwelt und Natur. Dabei wollen wir ökologische Fragen, die im derzeitigen globalisierungskritischen Diskurs nur eine untergeordnete Rolle spielen, zunächst in die interne Debatte einbringen. In strittigen Fragen stoßen wir Diskurse mit dem Ziel an, durch Kontroversen die Diskussion innerhalb der umwelt- und globalisierungskritischen Bewegung voranzubringen. Insofern will die AG die entscheidende Schnittstelle zwischen Umweltbewegung und globalisierungskritischer Bewegung darstellen.

Die genannten Diskurse tragen wir zugleich in die Öffentlichkeit, um dort eine Auseinandersetzung mit dem

Themenkomplex Globalisierung und Ökologie zu befördern. Dadurch soll auch in der Öffentlichkeit das Bewusstsein verankert werden, dass die neoliberale Globalisierung direkte negative Auswirkungen auf Umwelt und Natur hat. In diesem Zusammenhang möchten wir auch Alternativen zur neoliberalen Globalisierung darstellen und fordern, die ökologische, soziale und demokratische Defizite gleichermaßen beheben sollen. Die AG trifft sich in »großer Runde« (zwischen 70 und 100 TeilnehmerInnen) etwa drei Mal jährlich. Für die konkrete Arbeit werden Unter-AGs zu inhaltlichen Aspekten oder einzelnen Projekten (z. B. Kongress, Flugblatt) gegründet. Daneben gibt es eine vom Treffen gewählte sechsköpfige Koordinationsgruppe. Die Unter-AGs organisieren ihre Arbeit selbst. In der Zwischenzeit dienen verschiedene Mailinglisten zur Kommunikation. Seit der Gründung im Frühjahr 2002 hat die AG vieles auf die Beine gestellt. So wurde der Themenbereich Ökologie der Attac-Sommerakademie von der AG koordiniert und organisiert, und den Weltgipfel für nachhaltige Entwicklung in Johannesburg nahmen wir zum Anlass, eine taz-Sonderbeilage zum Thema »Globalisierung und Ökologie« zu gestalten, die jenseits des Gipfels unsere Forderungen für eine gerechtere Welt darstellte. In Anknüpfung daran wurde letzten Herbst eine Ausgabe der »Politischen Ökologie« mit einem ähnlichen AutorInnenteam gestaltet, das eine Verortung der Debatte um Globalisierung und Ökologie vornimmt. Das bislang größte Projekt war der Kongress »Umwelt in der Globalisierungsfalle – McPlanet.com«, der im Juni 2003 in Berlin stattfand. Getragen wurde der Kongress von Attac, BUND und Greenpeace in Kooperation mit der Heinrich-Böll-Stiftung und dem Wuppertal-Institut.

Bei ihrer Arbeit stützt sich die AG auf folgende Grundsatzpositionen:

- Keine Ökonomisierung der Umweltpolitik. Umwelt ist nicht verhandelbar – Umweltabkommen müssen grundsätzlich Vorrang vor Handelsabkommen haben.
- Gerechtigkeit ist unabdingbarer Bestandteil von Umweltpolitik. Der individuell gleiche Anspruch auf Umweltraum steht nicht zur Disposition. Das gilt national ebenso wie global.
- Ökologischer Umbau bedingt einen anderen Lebensstil im Norden. Mit dem derzeitigen Wachstumsmodell ist eine global zukunftsfähige Gesellschaft sozial und ökologisch undenkbar.

Kontakte:

Marc Engelhardt, Hamburg
marc.engelhardt@bund.net

Tobias Döppe, Berlin
doeppe@gmx.de

Sören Janssen, Döverden
janssen@attac.de

Zur AG Globalisierung und Ökologie gehören mehrere Teilgruppen:

▶ Politische Ökologie

Die Gruppe gibt eine politische Ökologie-Zeitschrift heraus, die sich mit Globalisierung und Ökologie beschäftigt. Das erste Heft erschien im Herbst 2003.

Kontakt:

Angela Oels
oels@sozwi.sozialwiss.uni-hamburg.de

Tilman Santarius
tilman.santarius@wupperinst.org

Markus Steigenberger
msteigenberger@gmx.de

▶ Studentischer AK »Welthandel und Ökologie«

Hier treffen sich junge Menschen aus BUNDjugend und Attac und arbeiten zu umweltrelevanten Aspekten der WTO. Der AK veranstaltet eigene Seminare und Aktionen, zuletzt zum GATS. Der AK ist gleichermaßen an die Attac-WTO-AG angebunden.

Kontakt:

Wiebke Herding
wiebke.herding@bund.net

▶ AK Tiere und Pflanzen

Diese Teilgruppe beschäftigt sich hauptsächlich mit Themen im Schnittbereich Ökologie/Globalisierung und Biodiversität, unter anderem zum Thema Tierschutz und WTO.

Kontakt:

Lydia Reumund
lydiareumund@gmx.de

Pedro de la Fuente
pedro.de.la.fuente@bn-ulm.de

7. AG Soziale Sicherungssysteme

Das Thema Soziale Sicherungssysteme hat Attac in der BRD von Anfang an begleitet. Politisch wurde damals über eine Teilprivatisierung der Altersversorgung diskutiert, die bis zu 35 Milliarden Euro jährlich an zusätzlichem, anlagesuchendem Kapital auf die Finanzmärkte schwemmen würde. Die Ablehnung dieser drastischen Verschärfung der ohnehin existierenden Aufblähung der Finanzmärkte war Gegenstand der ersten Kampagne von Attac hierzulande. Vom Thema Rente hat die AG ihren Arbeitsschwerpunkt inzwischen auf den Bereich Gesundheit verschoben, während sich mit dem ursprünglich ebenfalls bearbeiteten Problem der Erwerbslosigkeit mittlerweile eine eigene AG befasst. Im Jahr 2002 haben eine Reihe von Attac-Gruppen schwerpunktmäßig zum Gesundheitswesen gearbeitet. Bei der lange vorbereiteten Aktionskonferenz »Gesundheit ist keine Ware« wurde im April die »Heidelberger Erklärung« verabschiedet, die als zentrale inhaltliche Position die Ablehnung jeglicher Privatisierung im Gesundheitswesen festschreibt. Private, gewinnorientierte, auf Konkurrenz basierende Gesundheitsunternehmen sind nicht in der Lage, eine flächendeckende und qualitativ hochstehende Versorgung für alle zu gewährleisten. Die Verwandlung der Versichertenbeiträge in Anlagen auf den Finanzmärkten zwecks Gewinnerwirtschaftung für die Aktionäre lehnen wir in allen Bereichen der Daseinsvorsorge ab.

Die AG sucht seit Beginn des Jahres 2003 verstärkt den Kontakt und die Zusammenarbeit mit anderen Attac-AGs, die mit dem Problem der Zerstörung öffentlicher Daseinsvorsorge befasst sind, da wir die Regierungspolitik als offenen Angriff auf die soziale Sicherheit überhaupt wahrnehmen. Weil wir es für nötig halten, Protest und Widerstand dagegen zusammenzuführen, bemühen wir uns auch um Gemeinsamkeiten mit weiteren Partnern. Das ist nicht immer ganz einfach, weil viele durchaus berechtigte Einzelinteressen mit ihren jeweiligen Organisationen oft kaum kooperationsfähig sind. Deshalb gibt es nur eine begrenzte Zahl von regelmäßigen Bündnispartnern, darunter Initiativen aus der Gewerkschaftslinken und die Attac-Mitgliedsorganisation medico international.

Die AG hat sich bisher etwa zwei bis drei Mal jährlich außerhalb kurzer Absprachen auf Attac-Ratschlägen getroffen. Bei diesen Terminen haben wir zum einen inhaltliche Diskussionen geführt, die in einen gemeinsamen Forderungskatalog mündeten. Zum anderen haben wir praktische Absprachen über unsere Arbeit getroffen. Auf diesen Treffen wird jeweils eine Koordinierungsgruppe beauftragt, die laufende Arbeit zu koordinieren. Diese Gruppe ist bisher offen für alle, die darin mitarbeiten wollen. Sie arbeitet mit Telefonkonferenzen, Mailkontakt und Terminen. Neben der Koordinierungsgruppe existiert eine Mailingliste zur Diskussion inhaltlicher Anliegen der Kampagne und eine eigene Liste zur Klärung praktischer Fragen. Auf unserer Homepage www.attac.de/sozsich stellen wir den Stand der Debatte und unsere praktischen Aktivitäten allen Interessierten vor.

Kontakt:

Harald Klimenta
harald.klimenta@web.de

Werner Rätz
werner.raetz@t-online.de

8. AG Tobin Tax

Die AG befasst sich mit einer der Hauptforderungen Attacs: der Einführung einer Steuer auf Devisentransaktionen. Angesichts der Masse von Transaktionen und der Volatilität der Devisenmärkte scheint eine Devisentransaktionssteuer als Stabilisierungsinstrument auf den internationalen Finanzmärkten sinnvoll. Untrennbar mit der Stabilisierungswirkung verbunden ist der fiskalische Effekt, also der Nutzen aus Steuereinnahmen. Die aus der Steuer zu erwartenden Milliardenbeträge könnten zur Finanzierung globaler öffentlicher Aufgaben (Armut, Aids, Umwelt) verwendet werden. Während zu Beginn der Arbeit die Reduzierung und Zuspitzung auf die Tobin Tax politisch sinnvoll und erfolgreich war, werden mittlerweile darüber hinaus Modifikationen der Steuer diskutiert. Im Vordergrund steht die politische Durchsetzbarkeit einer Devisentransaktionssteuer sowie die Anpassung des Instruments an die aktuellen Gegebenheiten der internationalen Finanzmärkte.

Bisher hat die Tobin Tax AG sowohl im internationalen als auch im nationalen Kontext agiert. Die europäische Kampagne zur Einführung einer Devisentransaktionssteuer ist vor allem auf der inhaltlichen Seite vorangetrieben worden. In enger Kooperation mit französischen, italienischen, englischen, finnischen, belgischen und anderen Tobin Tax Kampagnen sind gemeinsame inhaltliche Positionen zur Umsetzung einer politisch machbaren Tobin-Steuer erarbeitet worden. Auf nationaler Ebene sind neben der Publikation wichtiger Diskussionspapiere vor allem eine Unterschriftenaktion, ein Parlamentarieraufruf und Pressearbeit betrieben worden. Seit einem Jahr nun aber, im Rahmen der Abstimmung eines europäischen Tobin Tax Prozesses, arbeitet die nationale Kampagne nicht mehr. Sie wird in ihrer Organisation neu geordnet und ist nun Teil der neugegründeten Finanzmarkt AG innerhalb von Attac.

Kontakt:

Peter Waldow
Peter.Waldow@weedbonn.org

9. AG Globalisierung und Migration

Migration kann die unterschiedlichsten Gründe haben, z. B. politische, ökologische, demographische oder individuelle Gründe. In den meisten Fällen hat sie ökonomische Gründe. Häufig sehen Menschen sich gezwungen zu migrieren, weil ihnen in ihrem Herkunftsland die Lebensgrundlagen entzogen werden; gleichzeitig haben sie kein Recht darauf, sich anderswo niederzulassen. Deshalb bedarf es einer gerechten Weltwirtschaftsordnung, zu der neben einem weitreichenden Schuldenerlass der Entwicklungsländer eine entwicklungspolitische Neuorientierung in der Handelspolitik gehört sowie die Kontrolle, Besteuerung und Kanalisierung des globalen Kapitals.

Entscheidende Auslöser für Massenmigrationen sind seit jeher Kriege. Nur unter der Voraussetzung, dass Frieden herrscht, ist eine Entwicklung der Lebensbedingungen zum Positiven weltweit möglich. Daher ist die Forderung nach einer international neu justierten Außenpolitik, die frühzeitig Krisen bzw. Konfliktherde in Ländern erkennt und auf Krisenprävention und Friedenskonsolidierung setzt, anstatt auf kriegerische Maßnahmen, Militarisierung und Aufrüstung, unabdingbar.

Dringend notwendig ist aber auch ein ökologisches Umdenken in den Industrieländern, das den Klimawandel bzw. den Treibhauseffekt nicht noch weiter verschärft und dadurch die Lebensgrundlagen der Menschen in den Entwicklungsländern zerstört und sie zum Teil dazu zwingt, ihre Heimatorte zu verlassen. Wo Menschen leben, müssen sie Rechte haben, und zwar unabhängig von der Staatsangehörigkeit: Politische Rechte, wie Wahlrecht, Versammlungsfreiheit und persönliche Freiheit, und soziale Rechte, wie gleichberechtigter Zugang zu Arbeitsplätzen, zu Bildung und Wohnraum. Für Menschen, die illegalisiert sind oder werden, muss ein Recht geschaffen werden, ihren Aufenthalt zu legalisieren.

Eine Besonderheit der AG Globalisierung und Migration ist sicherlich der Anteil von Einzelpersonen und Organisationen, die teils (noch) nicht Attac-Mitglieder sind, aber mit Attac sympathisieren. Der thematische Rahmen der AG wird sein, die Wechselwirkungen zwischen Globalisierung und Migration, insbesondere die Auswirkungen der neoliberalen Globalisierung auf die Migration, aufzuzeigen und Migrations- und flüchtlingspolitische Themen und Fragestellungen, die im derzeitigen globalisierungskritischen Diskurs nur eine untergeordnete Rolle spielen, auf die interne und externe politische Agenda zu setzen. Zudem sollen die Konsequenzen von Fachkräfteabwanderung (»brain drain«) für die »Ursprungsländer« bzw. die Ursachen und Konsequenzen der Ost-West- und Süd-Nord-Wanderung für arme und reiche Länder dargestellt werden. Weiter soll Migrantenschicksalen durch Unterstützung von Ausstellungen und Medienprojekten ein Gesicht gegeben werden. Ferner plant die AG im Jahr 2004 einen Kongress zum Thema »Globalisierung und Migration«.

Kontakt:

Burak Copur
burak_copur@hotmail.com

Indigo Valdenbro
indigo_valdenbro@yahoo.es

8 Zu guter Letzt: Attac im Netz

Der Aufbau von Attac wäre ohne das Internet in dieser Geschwindigkeit und mit den geringen Mitteln nicht möglich gewesen. Das gilt sowohl für die Kommunikation nach außen als auch für die Diskussion und Information innerhalb von Attac.

1. National: www.attac.de

Mit derzeit deutlich über 100 000 Besuchen pro Monat auf über 6000 verschiedenen Seiten ist die Website unser wichtigstes Medium. Hier sind vielfältigste Angebote zu finden:

- Erste Informationen für viele, die aus erster Hand wissen wollen, was Attac ist.
- Informationen für die Presse mit tagesaktuellen Pressemitteilungen und Archiv (www.attac.de/presse)
- Informationen über die Struktur von Attac, die Arbeit der Attac-Gremien mit Protokollen, Einladungen etc. (www.attac.de/interna)
- Servicefunktion: Abwicklung von Materialbestellungen, Mitgliedschaft und Spenden
- Informationen über Attac vor Ort. Alle Adressen von Attac-Gruppen und ca. 100 lokale Websites
- Aufrufe zu Aktionen, Unterschriftenlisten und Demonstrationen
- Darstellung der Arbeit der AGs und Kampagnen
- Bildarchiv
- Terminübersicht mit den wichtigsten Terminen der gesamten globalisierungskritischen Bewegung

Zudem haben die bundesweiten Arbeitsgruppen, Kampagnen und Attac-Gruppen die Möglichkeit, ihre Inhalte direkt, kostenlos und unzensiert unterzubringen.

Informationen unter: www.attac.de/web

Betrieben wird die Website von nebenberuflich und ehrenamtlich arbeitenden Leuten aus Berlin und dem von share e. V. für diese Aufgabe freigestellten Webmaster Oliver Moldenhauer und dem Co-Webmaster Sven Opitz. Da nicht jede regionale Vortragsveranstaltung mit blinkendem Icon auf der Startseite untergebracht werden kann, muss in Einzelfällen entschieden werden, worauf Priorität gelegt wird. Die demokratische Kontrolle der Web-Redaktion wird sichergestellt durch eine Web-AG von Koordinierungskreis und Attac-Rat. Untergebracht wird die Site bei der JPBerlin, einem politischen, nicht-kommerziellen Provider, der noch aus der Mailboxszene der späten 80er Jahre stammt.

2. International: www.attac.org und www.attac.info

Diese beiden internationalen Sites von Attac unterscheiden sich dadurch, dass www.attac.org einen Überblick über die Arbeit von Attac in den verschiedenen Ländern bietet, während auf www.attac.info ganz unabhängig von nationalen Zusammenhängen und in unterschiedlichsten Sprachen berichtet wird. Hier gibt es Informationen zu internationalen Kampagnen und Berichte von wichtigen Events wie dem Sozialforum oder dem G8-Gipfel.

3. Mailinglisten

Neben der Website sind die über hundert Mailinglisten mit rund 30 000 AbonnentInnen das wichtigste Kommunikationsmittel innerhalb Attacs.

Informationen unter: www.attac.de/mailing.php.

Unterschieden werden dabei folgenden Listen:

▶ Informationslisten

Hier werden Informationen vom Büro oder der jeweiligen Arbeitsgruppe an die AbonenntInnen verteilt. Diskussionen sind nicht möglich, dafür bleibt aber auch die Zahl der E-Mails überschaubar. Die wichtigsten Informationslisten sind:

- **attac-d-info**, die allgemeine Informationsmail. An derzeit gut 25 000 Attac-Interessierte geht eine Mail pro Woche mit Informationen zu aktuellen Aktionen, neuen Materialien etc. Hier sollte sich eigentlich jede/r Attac-Interessierte eintragen.
- **attac-d-presse** Hierüber werden die Attac-Presseinfos versendet.

▶ Diskussionslisten

Moderierte Diskussionslisten

Inzwischen sind fast alle größeren Diskussionslisten bei Attac moderiert, das heißt, dass jede Mail von einer Person aus einem ModeratorInnen-Team gelesen und freigegeben werden muss, bevor sie weitergeleitet wird. Einerseits werden dadurch Werbemails abgehalten, andererseits werden beleidigende und rechtsradikale Beiträge ebenso herausgefiltert wie solche, die völlig am Thema vorbeigehen. Zu den moderierten Mailinglisten gehört die Diskussionsliste **attac-mod-d**, aber auch die Mailinglisten der großen AGs, z. B. **frauennetz** (Attac Frauennetz), **wto-kritik** (AG Welthandel) oder **sozsich** (AG soziale Sicherungssysteme).

Informationen unter: gruppen@listen.attac.de. Hier sollten von jeder Attac-Gruppe 1 bis 3 Leute vertreten sein. Bei Interesse eine Mail an stephanie.handtmann@attac.de senden.

Geschlossene Listen

Viele Listen von kleinen AGs und Gremien sind nur für die Mitglieder des jeweiligen Gremiums offen (Ko-Kreis, Attac-Rat, Büroteam, Beirat etc.). So kann die Moderation eingespart werden.

Das Webteam richtet jeder AG oder Attac-Gruppe gerne neue Mailinglisten ein. Mail an: webmaster@attac.de

4. Der Attac-Rundbrief

Da Informationen nicht ausschließlich über das Internet verbreitet werden können, gibt es den Rundbrief. Er ist unser wichtigstes Printmedium. Zwei bis viermal im Jahr wird er an alle Attac-Interessierten verschickt, also an Mitglieder und diejenigen, die sich in den Infoverteiler eingetragen haben.

Informationen unter: www.attac.de/rundbrief

Zusätzlich gibt es den internationalen deutschsprachigen E-mail-Rundbrief »sandimgetriebe«, der aus einer gemeinsamen Redaktion aus Attac Deutschland, Österreich und der Schweiz erstellt wird.

Oliver Moldenhauer

Jeremy Rifkin

Das Ende der Arbeit und ihre Zukunft

Band 15156

Würde man in Deutschland die heute verfügbare industrielle Technik zum Einsatz bringen, fielen neun Millionen Arbeitsplätze weg und die Arbeitslosigkeit stiege auf 38%. Der fortschreitende Prozeß der Automation und Arbeitsplatzvernichtung in der industriellen Produktion wird nicht aufzuhalten sein. Lassen sich die gewaltigen sozialen Konflikte vermeiden, die aus der Spaltung der Gesellschaft in arm und reich, aus dem Wegfall aller sozialen Sicherungssysteme, den Strukturen der Wohlstandsverteilung, kurz: dem Konkurs der sozialen Marktwirtschaft erwachsen werden? Dieser Frage widmet sich der amerikanische Wirtschaftsjournalist Jeremy Rifkin hier mit beeindruckender technologischer und ökonomischer Kompetenz und bemerkenswerter sozialer Phantasie.

Fischer Taschenbuch Verlag

fi 15156 / 1

Stiftung Entwicklung und Frieden

Globale Trends 2004/2005

Fakten Analysen Prognosen

Herausgegeben von Ingomar Hauchler, Dirk Messner und Franz Nuscheler

Band 16026

Die Globalen Trends 2004/2005 vermitteln aktuelle Erkenntnisse über Entwicklungen, die Gegenwart und Zukunft unserer Welt am Beginn des 21. Jahrhunderts bestimmen. Sie untersuchen und erklären Ursachen, Folgen und Wechselwirkungen globaler Trends. Gestützt auf die aktuelle internationale Fachliteratur bieten renommierte Politik- und Wirtschaftswissenschaftler Orientierung und entwickeln Handlungsoptionen in der Weltpolitik nach dem 11. September 2001 und dem Irakkrieg.

Fischer Taschenbuch Verlag

fi 16026 / 1

Der Fischer Weltalmanach 2004
Zahlen Daten Fakten
Herausgegeben von Dr. Mario von Baratta

Band 72004
Band 72904 (Ausgabe mit CD-Rom)

Der Fischer Weltalmanach, alljährlich überarbeitet und auf den neuesten Stand gebracht, liefert eine Fülle von Zahlen, Daten, Fakten und Hintergrundinformationen für jeden, der die Vorgänge in Politik, in der Wirtschaft, im kulturellen Leben und im Umweltbereich verfolgen will. Der Irak-Krieg, das vorherrschende Thema der letzten 12 Monate, wird in einem Gastbeitrag des bekannten Politologen Harald Müller untersucht. Sonderbeiträge in den weiteren Kapiteln befassen sich darüber hinaus u. a. mit dem Kriegsverlauf, der Rolle der Vereinten Nationen im Irak-Konflikt seit 1990 und mit dem Thema Massenvernichtungswaffen.

Durch Sachlichkeit, Themenvielfalt und Aktualität ist dieses Jahrbuch nicht nur als Ergänzung zu jedem Lexikon, sondern auch als eigenständiges Nachschlagewerk seit über 40 Jahren unentbehrlich. Die »Frankfurter Allgemeine Zeitung« bezeichnete den Fischer Weltalmanach jüngst als »Klassiker der enzyklopädischen Kategorie«.

Fischer Taschenbuch Verlag

fi 72004 / 1

unicef

Zur Situation der Kinder in der Welt 2004

Bildung für Mädchen

Band 16025

Im Zeitalter des Internet hat weltweit jedes sechste Kind nicht einmal die Chance, Lesen, Schreiben und Rechnen zu lernen. 121 Millionen Kinder gehen nicht zur Schule, weil ihre Familien zu arm sind, weil die Schulen überfüllt oder zu weit entfernt sind. Vor allem Mädchen wird das Recht auf Bildung bis heute oft verwehrt: Sie sollen arbeiten, früh heiraten und Kinder bekommen – für die Schule bleibt keine Zeit.

Der unicef-Bericht 2004 zeichnet ein aktuelles Bild der weltweiten Bildungskatastrophe. Er dokumentiert aber auch anhand vieler Länderbeispiele und Porträts, wie Mädchen durch gute Bildungsangebote Armut und Unwissenheit überwinden können.

»Eine friedliche Zukunft wird es nur geben,
wenn endlich alle Kinder in Sicherheit aufwachsen
und ihre Fähigkeiten entfalten können.«
Sir Peter Ustinov

Fischer Taschenbuch Verlag

fi 16025 / 1

Fischer Kompakt

Der direkte Weg zum Wissen
Geschichte, Ökonomie, Philosophie,
Religion und Kulturgeschichte

Ralf Elger
Islam
Band 15368

Walter Heering
Europäische Geldpolitik
Band 15366

Michael Gehler
Europa
Band 15360

Rolf Steininger
Der Kalte Krieg
Band 15551

Rolf Steininger
Der Nahostkonflikt
Band 16121

Diethard Sawicki
Magie
Band 15568

Walter Heering
Geld
Band 15553

Günter Frankenberg
Grundgesetz
Band 15370

Diether Döring
Sozialstaat
Band 15567

Fischer Taschenbuch Verlag

fi 666014 / 1